AF748256

La voie de fait administrative

Coll. « Le droit aujourd'hui »

La collection « Le droit aujourd'hui » regroupe des études juridiques concernant des problèmes d'actualité nationale et internationale, dans divers domaines (éthique, politique, questions de société…).

Déjà parus

Jean-Gregoire Mahinga, *La pêche maritime et le droit international*, 2014.
Christophe Houry, *La piraterie maritime au regard du droit international, incertitudes et évolutions contemporaines*, 2014.
Laura Baudin, *Les cyber-attaques dans les conflits armés, qualification juridique, imputabilité et moyens de réponse envisagés en droit international humanitaire*, 2014.
Alma Signorile, *La sentence arbitrale en droit commercial international*, 2013.

Anthony Falgas

La voie de fait administrative

Recherche sur la justification d'une notion prétorienne

Préface de Grégory Kalflèche

L'Harmattan

5-7, rue de l'Ecole-Polytechnique, 75005 Paris

http://www.harmattan.fr
diffusion.harmattan@wanadoo.fr

ISBN : 978-2-343-06279-2
EAN : 9782343062792

REMERCIEMENTS

Je tiens tout d'abord à remercier Monsieur le Professeur Grégory Kalflèche pour l'attention et l'écoute dont il a fait preuve tout au long de mes travaux de recherches.

Je tenais également à remercier ma famille, mes amis, et saluer tous ceux qui ont contribué à rendre ces mois de travail plus agréables.

TABLE DES ABRÉVIATIONS ET DES SIGLES UTILISÉS

AJDA	Actualité juridique du droit administratif
art.	article
ass.	Assemblée
BJDU	Bulletin de jurisprudence de droit de l'urbanisme
Bull. civ.	Bulletin des arrêts de la Cour de cassation (chambres civiles)
CAA	Cour administrative d'appel
Cass. civ	Cour de cassation, chambre civile
Cass. Com	Cour de cassation, chambre commerciale
CE	Conseil d'Etat
CEDH	Cour européenne des droits de l'Homme
concl.	conclusion
Cons. const	Conseil constitutionnel
chron.	chronique
cons.	considérant
CG3P	Code général de la propriété des personnes publiques
CJA	Code de justice administrative
CJEG	Cahiers juridiques de l'électricité et du gaz
CPDH	Combat pour les droits de l'homme
D.	Recueil Dalloz
DA	Revue de droit administratif
DDHC	Déclaration des droits de l'homme et du citoyen

EDCE	Etudes et documents du Conseil d'Etat
GAJA	Grands arrêts de la jurisprudence administrative
Gaz.pal.	Gazette du Palais
ibid	ibidem
infra.	ci-dessous
JCP	La semaine juridique
JCPA	La semaine juridique, édition administration et collectivités territoriales
JCPG	La semaine juridique générale
LGDJ	Librairie générale de droit et de jurisprudence
LPA	Les petites affiches
op.cit	ouvrage précité
QPC	Question prioritaire de constitutionnalité
Rev.DH	Revue des droits de l'Homme et des libertés fondamentales
RCLJ	Revue critique de la législation et de la jurisprudence
RDI	Revue de droit immobilier
RDP	Revue de droit public
RFDA	Revue française de droit administratif
RGCT	Revue générale des collectivités territoriales
RGD	Revue générale du droit
RJEP	Revue juridique de l'économie publique
RJF	Revue de jurisprudence fiscale
supra.	ci-dessus.
TA	Tribunal administratif
TC	Tribunal des conflits

SOMMAIRE

PARTIE 1 – LA FIN D'UNE JUSTIFICATION PRATIQUE DE LA VOIE DE FAIT 31

Titre 1 – L'inefficacité de la juridiction administrative à l'origine de la voie de fait.................................... 33

Chapitre 1 – L'impuissance du juge administratif dans la protection des libertés 35

Chapitre 2 – La prise de conscience du juge administratif de sa marginalisation 61

Titre 2 – La procédure du référé-liberté : une disparition pratique de la voie de fait..................... 83

Chapitre 1 – L'illusion d'une étanchéité entre le référé-liberté et la voie de fait 85

Chapitre 2 – La compétence paradoxale du juge administratif en matière de voie de fait.......................... 105

PARTIE 2– L'ÉLABORATION D'UNE JUSTIFICATION CONSTITUTIONNELLE DE LA VOIE DE FAIT 125

Titre 1– La faiblesse des fondements théoriques palliée par une assise juridique 127

Chapitre 1 – L'insuffisance des fondements théoriques originels de la voie de fait 129

Chapitre 2 – Des fondements théoriques bénéficiant d'une assise constitutionnelle 151

Titre 2 – Les conséquences d'une requalification juridique sur les ordres juridictionnels 173

Chapitre 1 – Le juge administratif à l'aube d'une unification contentieuse 175

Chapitre 2 – La réduction quantitative de la compétence judiciaire sur la voie de fait.........................195

PRÉFACE

Il est de certaines œuvres doctrinales que l'on qualifie « de jeunesse », mais dont on peut légitimement être fier. La jeunesse est en effet régulièrement louée pour ses capacités d'innovations, et décriée pour les problèmes de recul et d'appréhension globale des sujets complexes. Dès lors que les défauts ne sont plus là et que les qualités restent, on est en présence d'une œuvre de jeunesse, certes, mais d'une œuvre dont la jeune doctrine peut légitimement s'enorgueillir. Tel est le cas de ce travail de M. Falgas relatif à *la voie de fait administrative*.

Loin de se limiter à l'actualité jurisprudentielle réduisant la voie de fait à peu de chose, M. Falgas revient aux fondements de cette théorie qui transgresse les règles habituelles de répartition des compétences entre les ordres administratifs et judiciaires. Il démontre bien, usant des auteurs anciens ou modernes, que la *voie de fait* est née au début du XIXe siècle du sentiment de dépendance du juge administratif par rapport à l'administration, et qu'elle s'est épanouie durant le XXe siècle du fait de l'absence d'outils contentieux efficaces en droit public, absence conduisant à une ouverture aux recours plus pragmatiques du droit privé. La justification doctrinale n'était cependant pas dans cette recherche d'efficacité, mais bien dans une autre, plus commune et qui lui sert de définition : la volonté de sanctionner l'administration qui devait perdre son privilège de juridiction dès lors qu'elle porte une atteinte démesurément grave aux libertés ou au droit de propriété. Las, ces justifications par la dénaturation de l'acte administratif qui excèderait une illégalité « normale » parce qu'il porterait atteinte aux droits fondamentaux, ou celle de matière revenant « par nature » à l'autorité judiciaire se sont récemment confrontées à un juge administratif de plus en plus indépendant et efficace. Les référés – notamment le référé-liberté –, les pouvoirs d'astreinte et les possibilités d'injonctions ont en effet radicalement modifié son office. Ainsi, au moment même où l'inefficacité du juge administratif, véritable fondement de la *voie de fait*, tendait à ne plus être recevable, la voie de fait a fait l'objet d'une décision remettant profondément en cause son mécanisme : l'ordonnance rendue par le Conseil d'État le 23 janvier 2013 *Commune de Chirongui* (n° 365262).

C'est, disons-le, cette ordonnance qui est à l'origine du travail de M. Falgas. Revenant tant sur les motivations juridiques que sur l'usage pratique de la *voie de fait*, cette décision nécessitait que l'on se penchât de nouveau sur cet objet juridique. L'arrêt du Tribunal des conflits du 17 octobre 2013 *Bergoend c. Sté ERDF* (n° C3828) est venu confirmer que nous vivions un moment clef de la répartition des compétences entre juges judiciaires et administratifs : celui de la relativisation de cette distinction. L'arrêt *Bergoend* donne en effet à la *voie de fait* un fondement juridique constitutionnel et le travail de M. Falgas vient à point nommé en analyser les ressorts et en tirer les conséquences.

M. Falgas démarre en effet sa réflexion sur un paradoxe qu'il souligne et explicite : comment, au moment même où le juge administratif est reconnu pour sa défense efficace des libertés et du droit de propriété, la théorie de la *voie de fait*, au lieu de disparaître, se voit justifiée et fondée constitutionnellement, ce qui n'avait jamais été le cas auparavant ? L'analyse de cette évolution profonde montre que le juge administratif a modifié son rôle et obtenu du législateur les procédures et pouvoirs à même de faire de lui le juge principal de défense des libertés et droits fondamentaux. C'est à la suite de ces évolutions savamment décrites par M. Falgas que l'arrêt *Commune de*

Chirongui a requalifié la voie de fait autour de notions plus réduites qu'avant : les « libertés individuelles » et non plus une notion plus large de liberté fondamentale et « l'extinction du droit de propriété » et non plus toute atteinte à ce droit. La compétence judiciaire s'en trouve constitutionnalisée, mais aussi réduite à peau de chagrin. C'est ce qui reste de cette compétence qu'analyse M. Falgas dans son dernier titre en soutenant la thèse que la caractérisation d'une voie de fait sera en réalité exceptionnelle.

Doté d'un appareil scientifique important et de qualité, ce travail n'est pas seulement, on le voit, une excellente synthèse du droit applicable et des réflexions doctrinales. Il est aussi une position doctrinale et une analyse personnelle qui enrichira à n'en pas douter le lecteur. Présenter un bel ouvrage est toujours un plaisir quand on sait que ceux qui vont le parcourir en ressortiront grandis d'une nouvelle réflexion qui dépasse la dimension technique d'une notion juridique. C'est pourquoi j'envie le lecteur qui finit cette préface, tant il se promet une lecture stimulante du travail de M. Falgas.

Grégory Kalflèche
Professeur à l'Université Toulouse 1 Capitole

INTRODUCTION

Il n'y a pas « de matières juridiques où la subtilité soit plus nuisible et la mobilité moins permise que les questions de compétence. Les solutions qui leur sont données doivent être facilement comprises, parce qu'elles sont destinées à guider les justiciables ; elles doivent être stables, parce qu'elles tracent des règles aux juges et que ceux-ci seraient moins portés à les suivre s'ils voyaient leurs auteurs s'en affranchir eux-mêmes ».

Édouard Laferrière[1]

Une imagination, une vue de l'esprit. C'est précisément ce qui, pour René Chapus, caractérise la voie de fait administrative. Celui-ci, puisant son inspiration dans la littérature classique au détour de Voltaire et de Malebranche[2], emploie la notion de « folle du logis »[3] pour caractériser l'ancestrale notion jurisprudentielle : « présente là où on l'attend le moins, et perturbatrice au delà de l'acceptable [...] que le Tribunal des conflits n'arrive guère cependant, à ramener dans le droit chemin »[4]. C'est peut-être cette dimension *imaginaire,* qui

---

[1] LAFERRIÈRE (E.), *Traité de la juridiction administrative et des recours contentieux*, Paris, Berger-Levrault, 1896, tome 1, préface, p. XIII.

[2] Rapporté par Martine Lombard, in, LOMBARD (M.), « Eloge de la « folle du logis » : la dialectique de la théorie de la voie de fait et du référé-liberté ». Mélanges Cohen-Jonathan, *Bruylant*, 2004, p 1125.

[3] MALEBRANCHE (N.), *Traité de morale*, Flammarion, GF, éd. 1999, p 65. L'auteur parlait de « l'imagination, folle du logis ».

[4] CHAPUS (R.), *Droit administratif général*, Montchrestien, Domat droit public, 15ème éd., 2001, t.1, n°1087.

fit de la voie de fait « une des constructions jurisprudentielles les plus controversées du droit administratif français »[5].

Le système juridictionnel français repose sur un modèle dualiste. En effet, il se caractérise par l'existence de deux ordres de juridictions, ayant à connaître un contentieux distinct : l'autorité judiciaire, ayant à charge les intérêts particuliers ; et les intérêts de l'administration relèveront quant à eux, de l'autorité administrative.
Les assemblées révolutionnaires proclamèrent un principe nouveau, celui de la séparation des fonctions exécutive, judiciaire et législative, par les lois des 16 et 24 août 1790 ainsi que par le décret du 16 fructidor An III selon lequel : « Défenses itératives sont faites aux tribunaux de connaître des actes d'administration ».

La voie de fait a ainsi été présentée dès l'origine comme une « exception » [6] à la séparation des ordres de juridictions, née de la combinaison d'un acte qui ne serait plus administratif, et d'une autorité judiciaire gardienne des droits publics fondamentaux de la personne[7]. Conçue dans le but de combler les lacunes du droit administratif, elle a su jouer un « rôle d'aiguilleur » au sein de la conception française de la séparation des autorités juridictionnelles, en préservant les administrés contre les atteintes les plus graves de l'administration.

---

[5] THIERRY (D.), « La jurisprudence Eucat dix ans après : sa portée sur la théorie de la voie de fait », *RFDA* 1997, p 524.

[6] Le mot « exception » est perceptible dans la jurisprudence du Tribunal des conflits, pour justifier ce chef de compétence judiciaire. Voir à titre d'exemple : TC, 23 octobre 2000, *Boussadar c/ Ministre des affaires étrangères*, Lebon p 776, cons 2. : « Considérant qu'il n'y a voie de fait justifiant, par exception au principe de séparation des autorités administratives et judiciaires, la compétence des juridictions de l'ordre judiciaire … ».

[7] PETIT (S.), *La voie de fait administrative*, PUF, coll. QSJ, 1995, p 3 à 8.

La voie de fait est un phénomène juridique relativement ancien, créée par le juge administratif sous la période de la Restauration en 1827 par l'arrêt *Rousseau*[8]. Le Conseil d'Etat, agissant alors en tant que juge des conflits, reconnaissait la compétence du juge judiciaire pour statuer sur une voie de fait. Cependant, la controverse doctrinale sur l'incertitude de sa définition, inhérente à la faiblesse de ses fondements théoriques, débuta quelques années plus tard à la suite de l'arrêt *Duc d'Aumale* en 1867[9], considéré par la doctrine comme étant l'acte fondateur de la théorie de la voie de fait. A ce titre, l'illustre Commissaire du gouvernement Léon Aucoc retenait dans ses conclusions que les tribunaux judiciaires devaient connaître des affaires qui caractérisaient une atteinte commise par l'administration en dehors de ses pouvoirs, à une liberté fondamentale ou au droit de propriété des administrés[10].

A cet égard, Edouard Laferrière considérait qu'afin de ne pas méconnaître le principe de séparation des ordres juridictionnels issu des lois révolutionnaires, la compétence judiciaire se justifiait non pas parce qu'elle serait la gardienne « naturelle » du droit de propriété et des libertés fondamentales, mais avant tout parce que

---

[8] CE, *conflit*, 21 septembre 1827 *Rousseau*, Lebon, p 504 (recueil des Ordonnances royales) : dans cet arrêt le Conseil d'Etat, alors juge des conflits, attribue le contentieux de la voie de fait au seul juge qui peut faire stopper une atteinte de l'administration : le juge judiciaire.

[9] CE, 9 mai 1867, *Duc d'Aumale* ; S. 1867, III, p.124, concl. Aucoc, note Choppin.

Voir également, TC, 13 mai 1875, *Lacombe* ; rec. 896. Cité par Pierre Tifine, in, TIFINE (P.), « La constatation d'une voie de fait ne constitue pas un obstacle à la mise en œuvre de la procédure de référé liberté », *R.G.D.*, 2013.

[10] Voir en ce sens. L'HUILLIER (J.), note sous Cass. Civ., 11 mai 1937, *Demoiselle Ducouso*, S.1937.I.259 ; MESTRE (A.), note sous TC, 14 janvier 1938, *Consorts Durand*, S.1939.III.57.

l'autorité judiciaire était la seule compétente pour faire cesser une action arbitraire de l'administration constitutive de voie de fait[11].

Cette dimension « pragmatique »[12] de la notion a permis au juge de dégager une théorie générale, établissant ainsi le modèle de la voie de fait, né d'une généralisation scientifique à partir des cas observés par le juge : en ce sens, la voie de fait est une notion empirique[13].
Seulement, cette approche participe de la difficulté de définir expressément cette notion puisque l'observation d'un fait demeure différente d'un observateur à un autre. A ce titre, si l'observation guide la théorie, alors la voie de fait demeure « insaisissable » pour le juge qui doit la caractériser. Par voie de conséquence, si elle s'avère être un outil utile son maniement demeure quant à lui, délicat[14].

L'argument selon lequel l'administration manquait d'impartialité vis-à-vis de l'administration dont elle n'était qu'une « émanation »[15], commença à perdre de sa pertinence dès le passage de la *justice retenue* à la *justice déléguée* par la loi du 24 mai 1872. En effet, le renforcement des garanties procédurales de la juridiction administrative et de la consécration constitutionnelle de son

---

[11] LAFERRIÉRE (E.), conclusions sur TC, 5 mai 1977, *Laumonnier-Carriol*, S.1878.II.93 ; LAFERRIÈRE (E.), *Traité de la juridiction administrative et des recours contentieux*, *précité* p 178 et suiv.

[12] Le mot « pragmatique » doit se comprendre comme le fait de s'adapter aux contraintes de la réalité.

[13] Voir en ce sens. WALINE (M.), note sous TC, 8 avril 1935, *Action française*, *D.*, 1935. III. 25.

[14] Expression empruntée à Jacques Moreau, in, MOREAU (J.), « Voie de fait », *Répertoire du contentieux administratif*, 2013, n°6.

[15] BORIES (A.), « Le baroud d'honneur de la voie de fait », *L.P.A.*, 2002, p. 24.

indépendance[16], contribuèrent tour à tour à l'abandon de cette critique surannée. A ce titre, Charles Debbasch écrivait que « La théorie de la voie de fait n'est qu'une survivance archaïque de la méfiance des libéraux du XIXème siècle à l'égard
de la prétendue partialité des juridictions administrative, partialité dont un siècle et demi de jurisprudence administrative a fait justice »[17].

Maurice Hauriou, a joué un rôle majeur dans la définition de la notion jurisprudentielle, puisqu'il a entendu opérer une distinction entre deux types de voies de fait : « par manque de droit »[18] et « par manque de procédure »[19]. La voie de fait par manque de procédure, correspond à l'hypothèse selon laquelle l'autorité administrative a procédé à l'exécution forcée, dans des conditions irrégulières, d'une décision, même régulière. Alors que la voie de fait par manque de droit, correspond à l'hypothèse selon laquelle l'autorité administrative a pris une décision qui soit elle-même manifestement insusceptible d'être rattachée à un pouvoir lui appartenant[20].
Au demeurant, une troisième catégorie pourrait être relevée, en faisant écho à la volonté de René Chapus de

---

[16] Cons. const., n°80-119 DC, 22 juillet 1980, Loi portant validation d'actes administratifs. Le Conseil constitutionnel fait figurer cette indépendance parmi les *Principes fondamentaux reconnus par les lois de la République*.
[17] Propos de Charles Debbasch, rapporté par Damien Thierry, in, THIERRY (D.), « La jurisprudence Eucat dix ans après : sa portée sur la théorie de la voie de fait », *précité*, p 535.
[18] HAURIOU (M.), *Précis de droit administratif et de droit public*, 12ème éd., 1933, rééd. Sirey, p 27 et suiv.
[19] *Ibid.*, p 25 et suiv.
[20] Voir à titre d'exemple. TC, 23 octobre 2000, *Boussadar*, req. n°1087, cons.2.

reconnaître une voie de fait, lorsque le comportement de l'administration « tout en étant rattachable à un pouvoir lui appartenant [...], ne procède d'aucun titre juridique»[21]. En effet, même s'il admet volontiers que dans de nombreux cas analogues ces atteintes sont constitutives de simples emprises irrégulières[22], plusieurs jurisprudences ont retenu une voie de fait « en l'absence de titre juridique »[23].

D'après le dictionnaire du *Vocabulaire juridique*, la voie de fait administrative[24] est « une exaction ; un comportement s'écartant si ouvertement des règles légales, qu'il justifie [...] le recours immédiat à une procédure d'urgence [...] portant une irrégularité manifeste au droit de propriété ou à une liberté publique »[25]. Il ressort de cette définition, la problématique de la justification, inhérente à la notion de voie de fait et à la compétence judiciaire.

La voie de fait est une catégorie juridique, qui se caractérise par ses conséquences. La question sous-jacente

---

[21] CHAPUS (R.), *Droit administratif général*, *op.cit.*

[22] *Ibid.*, p 881.

[23] Voir en ce sens. CE, 3 février 1956, *SNCF*, Lebon. p 48 ; TC 11 mai 1964, *Lajugie*, Lebon. p 791 ; Cass. Civ., 1er novembre 1993, *JCP* 1994, I., n°3801.

[24] La voie de fait administrative se distingue de la voie de fait en droit pénal et en procédure civile.
En droit pénal, la voie de fait est une violence envers une personne qui, physiquement, n'engendre ni coup ni blessure. Ex : acte de désobéissance du représentant de la loi ou menace envers une autorité judiciaire.
En procédure civile, il s'agit d'un comportement qui porte atteinte aux droits personnels ou méconnait une disposition législative ou réglementaire, et qui requiert la procédure du référé civil pour faire cesser le trouble.

[25] CORNU (G.), *Vocabulaire juridique*, 10ème éd., PUF, 2014, pp 1079-1080.

à ces conséquences demeure la justification de la théorie : la manière dont elle se justifie et, corrélativement, ce qui justifie la compétence du juge judiciaire.

Il convient d'avancer l'idée selon laquelle la voie de fait n'aurait été appréhendée par la doctrine que dans sa justification « commune ». Une forme de justification « idéologique » selon laquelle cette notion jurisprudentielle ne se serait justifiée qu'au titre de la sanction de l'administration et qui, par son atteinte grave aux libertés ou au droit de propriété, entrainerait pour l'administration la perte de son privilège de juridiction au profit de la compétence du juge judiciaire. Ce dernier détiendrait, par voie de conséquence, la plénitude de ses pouvoirs pour constater, enjoindre à l'administration de faire cesser le trouble par sa procédure de référé, mais également d'en ordonner la réparation.

Contrairement à ce que l'on pourrait imaginer intuitivement, la justification « commune » et « idéologique » de la voie de fait n'est pas l'unique, elle ne serait qu'une forme de justification parmi d'autres. En effet, notre approche part du supposé selon lequel la voie de fait aurait été crée dans un but pratique et pragmatique à une époque où seul le juge judiciaire détenait les outils pour faire cesser une telle atteinte de l'administration.
Une justification pragmatique, critiquée par la doctrine en raison de ses assises théoriques fragiles, qui conduisaient à n'appréhender la notion que sous un angle pratique et non pas juridique.

Cette théorie jurisprudentielle a certes été créée à un moment de l'Histoire où le juge administratif n'était pas indépendant vis-à-vis de l'administration ni véritablement impartial, mais elle s'est nourrie de ce que le juge administratif n'était pas suffisamment outillé pour faire face à l'urgence et œuvrer efficacement pour les libertés, à la différence de son homologue judiciaire. C'est dans cette optique que la voie de fait s'est justifiée d'un point de vue purement pratique. A ce titre, Olivier le Bot rappelle l'idée selon laquelle : « C'est parce que le juge administratif n'était pas indépendant qu'elle est apparue ; c'est parce qu'il n'était pas efficace face à l'urgence qu'elle a perduré »[26].

La voie de fait revêt toutes les caractéristiques d'une notion « fonctionnelle »[27]. Par opposition à la notion « conceptuelle » dont la reconnaissance s'effectue par la mise en œuvre de critères purement objectifs, la notion fonctionnelle – à l'image de la voie de fait – se caractériserait par l'impossibilité de la définir expressément. Ainsi, force est de constater qu'une telle notion n'existe, au grand dam de ses assises théoriques, que pour parvenir à un résultat. Sophie Guillon-Coudray affirme que « ces notions fonctionnelles trouveraient leur justification dans la mission qui leur a été confiée et non dans des fondements théoriques cohérents »[28].

Les motifs théoriques de la voie de fait n'ont été avancés que dans un second temps, et ce, afin de légitimer la compétence judiciaire en ce domaine. Les soubassements théoriques de la notion ont dès l'origine

---

[26] LE BOT (O.), *La protection des libertés fondamentales par la procédure du référé-liberté*, L.G.D.J., 2007,
p 577.
[27] VEDEL (G.), « De l'arrêt Septfonds à l'arrêt Barenstein (la légalité des actes administratifs devant le juge judiciaire) », *JCP*, 1948, I, p. 682 et s. ; « La juridiction compétente pour prévenir, faire cesser la voie de fait administrative », *JCP*, 1950, I, 851.
[28] GUILLON-COUDRAY (S.), *La voie de fait administrative et le juge judiciaire*, Thèse Paris II, 2002, p 216.

placé la théorie jurisprudentielle sur la sellette, tant leur manque de pertinence ne permettait pas d'expliquer pourquoi le juge judiciaire détenait ce chef de compétence en matière de voie de fait. Plusieurs questions inhérentes à la justification juridique initiale de la théorie se posent, et auxquelles il nous appartiendra de répondre.

D'abord, semble manquer d'autorité l'argument selon lequel le juge judiciaire serait compétent, parce qu'il serait le gardien « naturel » des droits fondamentaux et du droit de propriété. Là encore, cet élément de justification théorique ne relève que de l'idéologie. Aucun texte de droit positif ne mentionne expressément ce rôle, si ce n'est une série de précédents jurisprudentiels arrivés jusqu'à nous depuis l'Ancien régime.

Ensuite, nombreuses sont les difficultés qu'engendre la théorie de la dénaturation de l'acte administratif, comme seconde justification théorique de la voie de fait.
L'acte aurait perdu son caractère administratif, ce qui expliquerait la compétence de l'autorité judicaire en la matière. En d'autres termes, l'action de l'administration serait « dénaturée » et elle ne pourrait plus se prévaloir de son privilège de juridiction.
Sandrine Biagini-Girard rappelle que tenant compte du bouleversement jurisprudentiel opéré par l'arrêt *Duc d'Aumale*, Edouard Laferrière, « en construisant formellement la théorie de la voie de fait, permettra d'identifier l'hypothèse dans laquelle la folle du logis et l'inexistence sont une seule et même notion »[29]. On pourrait aller plus loin dans le raisonnement, en considérant que si une voie de fait est un acte inexistant, tout acte inexistant ne constitue pas une voie de fait,

---

[29] BIAGINI-GIRARD (S.), *L'inexistence en droit administratif*, Contribution à l'étude de la fonction des nullités, l'Harmattan, Thèse Aix-Marseille, 2010, p 255.

puisque pour être inexistant un acte n'a pas l'obligation de concerner une liberté fondamentale ou le droit de propriété contrairement à la voie de fait. En ce sens, cette dernière ne serait qu'une forme d'acte inexistant dans un domaine particulier.

Autant de difficultés théoriques, qui conduisaient à révéler la fragilité de la notion et à affirmer que la voie de fait ne reposait sur aucun fondement textuel et « en droit strict ne devrait donc pas exister »[30].

Aujourd'hui le débat tenant au maintien de cet historique chef de compétence judiciaire, s'est accentué durant cette dernière décennie par l'évolution de l'office du juge administratif. Amorcé par les réformes d'astreinte[31] et d'injonction[32], c'est la réforme du 30 juin 2000 qui a permis d'octroyer au juge administratif l'arsenal juridique des référés d'urgence qui lui manquait, afin de protéger aussi efficacement que son homologue judiciaire les libertés de l'administré.
L'activisme du juge administratif des référés dans la protection des libertés l'a conduit à mettre en œuvre une technique assez singulière, celle de concurrencer le juge judiciaire dans la protection des libertés et du droit de propriété. En effet, par une lecture restrictive des conditions de mise en œuvre du référé en amont, il a pu en aval, entendre extensivement la notion de liberté

---

30 LE BOT (O.), « Maintenir la voie de fait ou la supprimer ? Considération juridique et opportunité », *R.D.L.F.*, 2012, chron n°24, p 4.

31 Loi du 16 juillet 1980 n°80-539, sur le pouvoir d'astreinte du juge administratif.

32 Loi n° 95-125 du 8 février 1995 relative à l'organisation des juridictions et à la procédure civile, pénale et administrative : accordant un pouvoir d'injonction au juge administratif.

fondamentale à protéger. Par voie de conséquence, les libertés qui étaient protégées au titre de la voie de fait, le furent également au titre du *référé-liberté*. Dès lors, la tentation était grande pour le juge administratif de statuer purement et simplement sur une voie de fait, ce qu'il fit par l'ordonnance *Commune de Chirongui*[33].

L'argument pratique qui avait justifié la voie de fait, alors même que ses soubassements théoriques et juridiques lui faisaient défaut, n'existait plus.
Peut-être pourrions nous considérer que la fin de l'approche pragmatique de la voie de fait, permettrait d'avancer l'idée d'un enjeu de pouvoir et d'une volonté politique du Conseil d'Etat de reprendre la main sur cette notion. Phénomène marquant, puisque le Conseil d'Etat aurait opéré un revirement de jurisprudence de son arrêt *Rousseau* dans lequel il attribuait, il y a près de deux siècles, le contentieux de la voie de fait au juge judiciaire. Alors pourrait-on considérer que la quête du juge administratif afin de récupérer la compétence sur cette notion, venait de s'achever.

En tenant compte du marasme juridique opéré par le Conseil d'Etat dans son ordonnance *Commune de Chirongui*, le Tribunal des conflits a ressenti l'obligation d'intervenir afin de redéfinir la voie de fait dans le récent arrêt *Bergoend c/ Société ERDF*[34]. En dotant la voie de fait de solides assises juridiques – car constitutionnelles – il lui donne un fondement théorique qui lui faisait défaut jusqu'alors et qui révélait les faiblesses de la notion. Dès lors nous pourrions considérer que la voie de fait se justifie de moins en moins, mais de mieux en mieux.

---

33 CE, ord. 23 janvier 2013, *Commune de Chirongui* ; req. n°365262.
34 TC, 17 juin 2013, *M. Bergoend c/ Société ERDF Annecy Léman*, n°C3911.

La voie de fait ne pourra à l'avenir être caractérisée que si l'administration, par un acte insusceptible de se rattacher à l'un de ses pouvoirs, a porté atteinte à une liberté individuelle ou a conduit à l'extinction du droit de propriété. Le raisonnement du Tribunal des conflits est particulièrement intéressant puisqu'il entend continuer à utiliser la théorie de la voie de fait comme « aiguilleur » de la dualité de juridictions en procédant à une répartition plus harmonieuse des compétences, en recentrant la compétence du juge judiciaire sur son noyau constitutionnel de compétence – auquel il serait impossible de déroger – et en élargissant celle du juge administratif, puisqu'il devient *de facto* juge de droit commun des libertés fondamentales et de l'atteinte au droit de propriété, tant que cette dernière n'aboutit pas à l'extinction de ce droit.

Par cette redéfinition, la jurisprudence du Tribunal des conflits s'inscrit dans un mouvement débuté par la jurisprudence *SCEA du Chéneau*[35], qui se destine selon nous, à relativiser la frontière du principe de séparation des autorités juridictionnelles[36].

Le Tribunal des conflits par l'arrêt *Septfonds*[37] de 1923 entendait cantonner strictement les deux ordres de juridictions, en interdisant à l'autorité judiciaire de statuer sur la légalité d'un acte administratif réglementaire. Le juge judiciaire, afin de respecter strictement cette dualité, devait opérer un renvoi préjudiciel devant le juge administratif – et surseoir à statuer – afin que celui-ci se prononce sur la

[35] TC, 17 octobre 2011, *SCEA du Chéneau*, req. C3828.

[36] MILLET (F-X.), *L'Union européenne et l'identité constitutionnelle des Etats membres*, LGDJ, Lextenso édition, 2013, p 137.

[37] TC, 16 juin 1923, *Septfonds c/ Chemins de fer du Midi*, Lebon p 498.

légalité dudit acte administratif. Cependant, le juge judiciaire n'avait pas à surseoir à statuer lorsque l'acte réglementaire portait une atteinte grave au droit de propriété ou à une liberté individuelle[38]. La décision *SCEA du Chéneau* prend acte de cette évolution jurisprudentielle puisqu'elle permet au juge judiciaire d'apprécier la légalité d'un acte lorsqu'il estime que l'affaire s'inscrit « dans une jurisprudence bien établie » ; et pourra également apprécier la légalité d'un acte administratif au regard du droit de l'Union en interrogeant directement la Cour de justice de l'Union européenne, sans passer par une saisine préalable du juge administratif afin que ce dernier saisisse ladite Cour de justice.

L'évolution jurisprudentielle opérée par le Tribunal des conflits dans l'arrêt *SCEA du Chéneau* entend relativiser le principe de dualité de juridictions. Ceci ne méconnait pas le *Principe fondamental reconnu par les lois de la république* concernant le bloc de compétences réservées au juge administratif, mais participe d'une bonne administration de la justice et du respect d'un délai raisonnable en évitant les « renvois préjudiciels au carré »[39]. Cependant, la mutation de la jurisprudence du Tribunal des conflits ne procède pas, dans les deux arrêts, des mêmes motivations.

L'arrêt *SCEA du Chéneau* résulte de l'exigence du *principe d'effectivité* du droit de l'Union européenne débuté par l'arrêt *Simmenthal*[40] en 1978, qui enjoint au juge national de ne pas appliquer une norme interne qui serait contraire à une norme européenne, afin que rien ne fasse

---

[38] TC, 30 octobre 1947, *Barinstein*. Lebon p 511.

[39] GUYOMAR (M.), DOMINO (X), « Renvois préjudiciels et bonne administration de la justice », Chronique générale de la jurisprudence administrative française, *AJDA*, 2012, p 32.

[40] CJCE, 9 mars 1978, *Simmenthal*, affaire n°106/77.

obstacle à l'application du droit de l'Union. Alors que l'arrêt *Bergoend*, s'il permet désormais d'appréhender la voie de fait de manière juridique – avec des fondements constitutionnels – est un hommage rendu à la formidable ascension de l'office du juge administratif et de sa capacité à protéger efficacement les libertés des administrés et le droit de propriété, grâce à des procédures efficaces de référés.

Il convient de garder à l'esprit que notre étude ne porte pas sur la définition de la voie de fait en tant que telle, mais de manière plus précise, sur ce qui justifie encore aujourd'hui la voie de fait, autrement dit sur ce qui pose réellement problème quant à la question du maintien de la compétence judicaire sur cette notion.

En premier lieu, il convient de rappeler au terme de cette étude que la voie de fait, créée de façon temporaire, fut assimilée à un ersatz justifié par une approche purement pratique afin de pallier les insuffisances de la juridiction administrative[41].
Selon cette approche initiale, la voie de fait aurait dû disparaître lorsque ladite juridiction aurait remédié à ses carences. A ce titre, Ronny Abraham affirmait en 1996 qu' « une fois comblée la plus grave lacune dont souffre aujourd'hui notre contentieux administratif, il sera temps de sonner le glas [...] de la théorie de la voie de fait ».
L'inexorable progression de l'office du juge administratif, et son activisme toujours plus criant dans la protection des libertés et du droit de propriété par la procédure du référé-liberté, lui a permis de concurrencer la compétence que le juge judiciaire détenait en matière de voie de fait,

---

[41] LE BOT (O.), « Maintenir la voie de fait ou la supprimer ? Considération juridique et opportunité », *précité,* chron n°24.

jusqu'à annihiler définitivement la justification pratique de la voie de fait.
Paradoxalement, l'évolution des pouvoirs du juge administratif a conduit non pas à supprimer la voie de fait, mais l'intérêt pratique de la notion qui prévalait jusque là.

En second lieu, la voie de fait, longtemps dépourvue de toute justification juridique, n'a dû son maintien jusqu'à nos jours qu'au titre de sa justification pratique. Dès l'origine elle ne pu comme nous l'avons vu, se justifier juridiquement par de vraies assises théoriques. Mais il se pourrait que depuis l'arrêt *Bergoend*, le Tribunal des conflits ait rebattu les cartes de la défaillance théorique dont souffrait la notion.
En lui octroyant de solides assises juridiques constitutionnelles, alors même que son aspect contentieux ne requiert plus en pratique l'intervention du juge judiciaire, le Tribunal des conflits a selon nous inversé le processus de justification de cette création jurisprudentielle. Dès lors, la voie de fait ne se justifierait plus par sa dimension pratique, mais désormais par son acception juridique, constitutionnelle. La solidité des nouveaux fondements juridiques de la voie de fait, permettra de maintenir en vie cette théorie, même si la pratique qui avait conduit à sa création n'a plus lieu d'être aujourd'hui.

En troisième lieu, la pertinence de la nouvelle qualification juridique de la voie de fait devrait conduire à un bouleversement du contentieux de chaque ordre de juridictions. Ainsi, nous assisterons à une unification du contentieux des libertés fondamentales au profit du juge administratif, et des atteintes au droit de propriété tant que celles-ci ne conduisent pas à la dépossession définitive de ce droit. Face à un juge administratif qui a montré son abnégation dans la protection des libertés, la compétence de l'autorité judiciaire recule au point de constater aujourd'hui qu'en pratique, seule l'indemnisation de la voie de fait demeurerait dans le giron exclusif de la compétence judiciaire.

Dès lors, s'il apparaît que la justification pratique de la théorie de la voie de fait n'a plus lieu d'être aujourd'hui (**Partie 1**). Il se pourrait que le Tribunal des conflits par sa redéfinition, ait procédé à l'élaboration d'une justification constitutionnelle de la notion (**Partie 2**), dont les conséquences bouleverseront la répartition du contentieux des deux ordres de juridictions.

PARTIE 1 – LA FIN D'UNE JUSTIFICATION PRATIQUE DE LA VOIE DE FAIT

PARTIE 2 – L'ÉLABORATION D'UNE JUSTIFICATION CONSTITUTIONNELLE DE LA VOIE DE FAIT

PARTIE 1 – LA FIN D'UNE JUSTIFICATION PRATIQUE DE LA VOIE DE FAIT

La théorie de la voie de fait a d'abord été construite sur une finalité contentieuse. Cette approche purement pratique se justifiait certes par un juge administratif trop proche de l'administration, mais surtout par son impuissance viscérale à protéger efficacement les libertés fondamentales. Malgré les nombreuses réformes qui ont voulu le rapprocher de son homologue judiciaire, qui seul « osait » utiliser la plénitude de ses pouvoirs à l'encontre de l'administration lorsqu'il était confronté à une voie de fait, demeurait profondément inefficace (**Titre 1**).

L'intervention du législateur par la loi du 30 juin 2000, a octroyé au juge administratif une procédure de référé digne de ce nom. Par une approche extensive de la notion de liberté fondamentale, le juge administratif a prouvé sa capacité à réagir face à une violation des libertés de l'administré. Une telle volonté l'a conduit à concurrencer la compétence judiciaire en matière de voie de fait, jusqu'à se reconnaître – *contra-legem* - compétent dans cet historique pré-carré judiciaire. Preuve était faite que la justification pratique de cette théorie avait définitivement disparu (**Titre 2**).

Titre 1 – L'inefficacité de la juridiction administrative à l'origine de la voie de fait

Impuissant dans la protection des libertés, le juge administratif alors dépourvu de tout mécanisme efficace, voyait le contentieux de la voie de fait attribué au seul juge capable de traiter l'urgence, le juge judiciaire (**Chapitre 1**). Conscient de sa faiblesse, il se devait de réagir efficacement en modernisant son appareil juridictionnel. Bien loin d'obtenir des résultats satisfaisants, il ne pouvait empêcher la perte de son contentieux vers l'autorité judiciaire sur fondement dénaturé de la voie de fait (**Chapitre 2**).

Chapitre 1 – L'impuissance du juge administratif dans la protection des libertés

Le jugement au fond étant démesurément long et de surcroit inefficace pour sauvegarder l'atteinte à une liberté (Section 1), la seule réponse adaptée au contentieux de la voie de fait ne pouvait être traitée que par un juge de l'urgence (Section 2).

Section 1 – L'inefficacité du juge de l'excès de pouvoir dans la protection des libertés

Le débat sous-jacent à une protection « efficace » des libertés fondamentales de l'individu passe nécessairement par le constat selon lequel le juge administratif a depuis l'origine de sa création été prompt à protéger les libertés inhérentes à chaque individu (**§1**). Mais la question de l'efficacité juridictionnelle dans le contentieux de l'urgence, ne pouvait être traité que par le référé civil (**§2**).

§ 1 – L'autorité morale du juge du fond à protéger les libertés :

Le président Bernard Stirn expliquait « qu'en matière de défense des libertés, ni la place du juge administratif, ni l'efficacité de ses procédures ne vont de soi »[42].
Historiquement la juridiction administrative – et plus précisément le Conseil d'Etat – a souffert du procès qui lui était fait selon lequel elle manquait d'impartialité et d'indépendance, une justice perçue comme une

[42] STIRN (B.), *Les libertés en question*, Paris, Montchrestien, 7e éd., 2010, p. 78.

« émanation »[43] de l'administration. La faculté de la justice administrative à juger le Pouvoir administratif était largement remis en cause, à tel point que certains auteurs, suivant la position de J. Donnedieu De Vabres, écrivaient : « Son indépendance, son impartialité et son aptitude à juger l'administration étaient contestée »[44]. Une large partie de la doctrine de la première moitié du XIXème siècle qualifiait le juge administratif de « protecteur quasi systématique des choix de l'administration »[45]. A titre d'illustration doctrinale, Jean-Baptiste Sirey à propos de la juridiction administrative affirmait : « qu'à l'appeler justice la langue serait dépravée »[46].

Cette critique à l'encontre de la juridiction administrative qui nourrit le débat depuis le Premier Empire, a perdu sa pertinence à partir de la loi du 24 mai 1872 pour disparaître progressivement durant la seconde moitié du XXème siècle.

En effet, cette loi marque la première étape de l'indépendance de la juridiction administrative, en symbolisant le passage d'une « justice retenue » à la « justice déléguée » en France. Par l'arrêt *Cadot*[47] le juge administratif abandonne définitivement la doctrine du *ministre-juge* pour s'ériger en tant que juge administratif de droit commun pour connaître des recours dirigés contre

---

43 BORIES (A.), « Le baroud d'honneur de la voie de fait », *Petites Affiches*, 2002, p. 24.

44 DONNEDIEU DE VABRES (J.), « La protection des droits de l'homme par les juridictions administratives en France », *E.D.C.E.*, 1949, pp 30-31.

45 LE BOT (O.), « Maintenir la voie de fait ou la supprimer ? Considération juridique et opportunité », *Revue des droits et libertés fondamentaux (R.D.L.F.)*, 2012, chron n°24.

46 SIREY (J.B), *Du Conseil d'Etat selon la charte constitutionnelle de 1818*, réed. Phénix éditions, 2005, p 484.

47 CE, ass, 13 décembre 1889, *Cadot*, recueil p 1148.

les décisions administratives. Son indépendance sera consacrée constitutionnellement, lorsque le Conseil constitutionnel en fera un *Principe fondamental reconnu par les lois de la République*[48].
La loi de 1872 est tout à fait symptomatique puisqu'elle modifie « l'image » du juge administratif et permet au début du XXème siècle, de mettre en œuvre un processus favorable à une extension des cas d'ouverture du recours pour excès de pouvoir[49]. En effet, la loi du 17 juillet 1900 généralise le procédé de la *décision implicite de rejet*, loi grâce à laquelle selon le Professeur Pacteau « le XXème siècle aura pu être le siècle du juge de l'excès de pouvoir »[50].

Il est incontestable d'admettre que le juge administratif a œuvré pour que l'administration soit elle-même soumise au droit[51], car comme le rappelle le Professeur Prosper Weil : « le juge administratif a mis a profit sa liberté d'action par rapport au droit civil, non pas pour brimer l'individu au profit de l'action administrative, mais pour limiter et contrôler cette dernière en vue de protéger le citoyen contre le pouvoir »[52].
Désormais on ne peut plus accuser le juge administratif de « mansuétude » vis à vis de l'administration, car comme en témoigne le Professeur Tsiklitiras : « On ne saurait soupçonner le juge administratif, et particulièrement le Conseil d'Etat de complaisance envers l'administration et

---

48 Cons. const., n°80-119 DC, 22 juillet 1980, Loi portant validation d'actes administratifs.
49 GILBERT (S.), « L'immixtion du référé-liberté dans le champ de la voie de fait : vers une perte de sens de la voie de fait », *D.A.*, 2013 n°3, p. 49.
50 PACTEAU (B.), « Vu de l'intérieur : loi du 30 juin 2000, une réforme exemplaire », *R.F.D.A.*, 2000, p 961.
51 DEBBASCH (Ch.), « Déclin du contentieux administratif ? », *D.S.*, 1967, p 95.
52 WEIL (P.), « Les techniques de protection des libertés publiques en droit français », in mélanges Marcel Bridel, 1968, p 622.

que nul ne pourrait mettre en doute *sa vocation de protecteur* des libertés à l'égard de l'arbitraire administratif »[53].
Cette étape dans la construction d'une justice administrative « protectrice » des libertés est tout à fait cardinale. Le Professeur Tsiklitiras rappelle que la période de la fin du XIXème siècle traduit une « autorité morale » de la part du juge administratif dans sa volonté de protéger les libertés.
De nombreuses évolutions attestent de la volonté du juge administratif de protéger les libertés publiques : l'abnégation dont il a fait preuve dans la création des principes généraux du droit alors perçus comme : « l'incorporation dans l'ordre juridique de l'essentiel de la tradition libérale »[54] ; l'évolution du principe de légalité, ainsi que la soumission des actes administratifs à la Constitution afin de soumettre l'administration au droit ; et bien évidemment l'élargissement des cas d'ouverture du recours pour excès de pouvoir.

Une « vocation » qui va permettre au juge administratif de jouer un rôle majeur dans la protection des libertés publiques. Le paradoxe qui pourrait découler de cette volonté morale de protéger les libertés, est parfaitement dépeinte par les propos du Professeur Donnedieu De Vabres, expliquant que : « c'est à la fois le plus banal des lieux communs et le plus éclatant des paradoxes historiques »[55].
L'avancée la plus notable dans la protection des libertés reste sans commune mesure l'utilisation du recours pour excès de pouvoir dans la première moitié du XXème siècle pour protéger les libertés publiques.

---

[53] TSIKLITIRAS (S.), *La protection effective des libertés publiques par le juge judiciaire en droit français*, thèse, Paris, L.G.D.J., 1991, p 5.
[54] *Ibid.*, p 6.
[55] DONNEDIEU DE VABRES (J.), *précité*, p 30.

Le contentieux du recours pour excès de pouvoir illustre cette considération selon laquelle le juge administratif « protège » les libertés publiques, et d'ailleurs le vice-président du Conseil d'Etat Jean-Marc Sauvé expliquait que : « De manière incontestable, la jurisprudence administrative est aussi [...] une source autonome de protection des droits fondamentaux » avant de compléter que le Conseil d'Etat « a construit une part importante de sa légitimité sur la protection des grandes libertés contre les intrusions excessives de l'autorité administrative »[56].

Ainsi en témoigne un contentieux presque « centenaire », le juge administratif s'est placé en tant que protecteur des droits et libertés des administrés face au pouvoir arbitraire de l'administration. Olivier le Bot expliquait que l'histoire du juge administratif était « jalonnée de grands arrêts dans lesquels le juge administratif pose les principes protecteurs des libertés et annule les actes administratifs qui y contreviennent »[57]. Au fil de sa jurisprudence, le Conseil d'Etat a fait preuve de volonté dans la protection des droits et libertés fondamentales.

De nombreux exemples peuvent illustrer notre propos, comme ce fut le cas entre autres du respect de la liberté du commerce et d'industrie [58] ; de la liberté d'opinion

---

[56] Intervention de Jean-Marc Sauvé, vice-président du Conseil d'État, à l'Institut d'études judiciaires de l'Université Panthéon-Assas sur le thème "Justice administrative et État de droit", le lundi 10 février 2014.
[57] LE BOT (O.), *La protection des libertés fondamentales par la procédure du référé-liberté*, Thèse, Aix-en-provence, L.G.D.J., 2006, p 11.
[58] CE, ass., 22 juin 1951, *Daudignac*, Lebon. p. 362.

politique au sein d'un concours[59] ; du respect de la liberté d'opinion, et de la liberté d'association[60].
Afin de parfaire notre développement, il semble pertinent d'étayer notre propos par certains exemples jurisprudentiels :
Au sujet de la protection de la liberté de culte, dans l'arrêt Abbé Olivier de 1909[61], le Conseil d'Etat expose que :

> *« [...] aucun motif tiré de la nécessité de maintenir l'ordre sur la voie publique ne pouvait être invoqué par le maire pour lui permettre [...] d'interdire aux membres du clergé, revêtus de leurs habits sacerdotaux, d'accompagner à pied ces convois conformément à la tradition locale [...] lesdites dispositions sont entachées d'excès de pouvoir »*

Cette volonté de protéger les libertés publiques se retrouve également dans le respect par le juge administratif de la liberté de la presse[62]. Mais il n'est pas d'exemple plus pertinent pour illustrer notre démonstration que l'arrêt « Benjamin »[63] du Conseil d'Etat de 1933 au sujet du contrôle des atteintes portées par le pouvoir de police à la liberté de réunion :

> *« Lecture du vendredi 19 mai 1933 [...]*
> *Tendant à ce qu'il plaise au Conseil d'annuler deux arrêtés du maire de Nevers en date [...] du 11 mars 1930 interdisant une conférence littéraire [...]. Les requérants sont fondés à soutenir que les arrêtés attaqués sont entachés d'excès de pouvoir [...].*
> *DECIDE [...] Article 2 : Les arrêtés susvisés du maire*

59 CE, ass., 28 mai 1954, *Barel*, Lebon. p. 308.
60 CE, ass., 11 juillet 1956, *Amicale des annamites de Paris*, Lebon., p. 317
61 CE, 19 février 1909, *Abbé Olivier*, Lebon. p. 181.
62 CE, ass., 24 juin 1960, *Société Frampar*, Lebon. p. 412.
63 CE, 19 mai 1933 *Benjamin*, Lebon p. 541.

de Nevers sont annulés. Article 3 : La ville de Nevers remboursera au sieur René X ... ».

Une nouvelle fois, la jurisprudence administrative prouve que le juge n'est en rien complaisant envers l'administration et qu'il s'est érigé progressivement en tant que « protecteur » des libertés publiques. Mais à la lumière de cet extrait jurisprudentiel, nous percevons certes que le sieur Benjamin a été remboursé du préjudice subi, mais que la décision de justice intervient presque trois ans après la violation de la liberté alléguée.
Par voie de conséquence nous pouvons clairement affirmer que le juge administratif du fond, malgré sa volonté « morale » de protéger les libertés, ne peut pas assurer une protection concrète et efficace des libertés[64].

§ 2 – L'effet platonique de la protection administrative des libertés publiques :

Le Professeur Burdeau expliquait en 1972 que « c'est au degré de perfection des procédures qui l'assurent que l'on peut mesurer l'efficacité de l'Etat de droit »[65].
En effet, si l'Etat de droit signifie que la puissance publique – de manière identique à l'individu privé – doit être soumise au droit, il est également indispensable qu'un appareil juridictionnel soit capable de sanctionner efficacement la violation du droit par cette même personne publique. L'Etat de droit s'apprécie par la capacité du juge à sanctionner les égarements de la

---

[64] LACHAUME (JF.), « Droits fondamentaux et droit administratifs », *A.J.D.A.*, 1998, num spécial, p 106.
[65] BURDEAU (G.), *Les libertés publiques*, Paris, L.G.D.J., 1972, p 78.

puissance publique qui agirait en dehors du cadre fixé par la loi.

La voix du célèbre Huron du Professeur Rivero raisonne encore dans les couloirs du Palais royal, lorsqu'il affirmait vénérer « la terre sacrée dans laquelle s'enracine le grand arbre du recours pour excès de pouvoir, la plus merveilleuse création des juristes, l'arme la plus efficace, la plus pratique [...] qui existe au monde pour défendre les libertés »[66].
Mais le recours pour excès de pouvoir est-il ce « rempart de l'opprimé, terreur de l'oppresseur qui au moment où son bras va s'abattre, s'arrête en entendant la voix redoutable du juge clamer : tu n'iras pas plus loin » ?[67]
Notre développement nous a permis d'étudier la portée « morale » que pouvait revêtir le recours pour excès de pouvoir afin de préserver le justiciable du pouvoir arbitraire de l'administration. Certains auteurs s'accordant à dire que cette portée morale aurait une dimension didactique, pédagogique à l'égard de l'administration fautive qui se verrait en quelque sorte dissuadée dans son action[68]. Mais le problème reste entier concernant la protection effective et rapide des libertés les plus fondamentales de l'individu.

L'arrêt du Tribunal des conflits de 1902 *Société immobilière Saint-Just* est parfaitement éclairant tant sur le plan contentieux que sur l'apport des conclusions du Commissaire du gouvernement Romieu.

---

[66] RIVERO (J.), « Le Huron au Palais-royal ou réflexion naïves sur le recours pour excès de pouvoir », *D.*, 1962, chron., p 37.
[67] JEZE (G.), Rapport à l'Institut international de droit public, annuaire de l'Institut, 1929, p 162.
[68] HUET (P.), « La juridiction administrative gardienne de la liberté individuelle », *A.J.D.A.*, 1973, p 517.

En effet, cet arrêt est symptomatique de la considération selon laquelle les justiciables abandonnent la justice administrative, car déjà en ce début de XXème siècle les justiciables se tournaient vers les tribunaux civils afin que soient jugés leurs contentieux dans lesquels était impliquée l'administration en raison de la carence des pouvoirs du juge administratif à protéger efficacement les libertés publiques.

> *« Considérant qu'il ne saurait appartenir à l'autorité judiciaire d'annuler les effets et d'empêcher l'exécution de ces actes administratifs ; que l'apposition des scellés (...) ne constitue pas un acte de dépossession pouvant servir de base à une action devant l'autorité judiciaire. Que, par suite (...) la levée des scellés (...) ne pouvait être portée que devant la juridiction administrative (...) la Cour d'appel de Lyon, en se déclarant compétente, a violé le principe de la séparation des pouvoirs »*[69].

Les requérants qui avaient une chance d'obtenir que soit mis fin à la violation de leurs libertés par le référé civil, se sont vus perdre tout espoir d'obtenir rapidement gain de cause. Dans ses conclusions Romieu déplorait le manque de moyen de la juridiction administrative lorsqu'il déclarait que « la juridiction administrative n'est pas outillée pour protéger utilement les droits privés qui seraient violés d'une manière flagrante par les abus des actes d'exécution de la puissance publique [...] elle n'a pas de procédure de référé, et la lenteur de son intervention peut souvent rendre son efficacité illusoire »[70].

---

[69] TC, 2 décembre 1902, *Société immobilière de Saint-Just*, considérant n°3, Lebon. p. 713.
[70] Concluion Romieu, sous l'arrêt précité du 2 décembre 1902.

Le *privilège d'exécution d'office* étant restrictivement encadré, il ne s'appliquera qu'à titre « subsidiaire ». L'administration pourra recourir à l'exécution forcée seulement si une voie de droit le lui permet, sans quoi elle commettra une voie de fait : « L'exécution forcée administrative n'existe pas en dehors des cas d'urgence, de sécurité, ... dès lors toute mesure administrative d'exécution forcée manquerait du fondement juridique qui lui est indispensable et constituerait [...] une voie de fait »[71].

Même si le recours pour excès de pouvoir peut apporter une satisfaction « morale » à l'individu, celui-ci demeure lésé dans l'exercice de sa liberté : « L'atteinte à la liberté est censurée, elle n'en est pas moins commise », ce recours demeure platonique, il procure tout au plus une « restitution psychologique »[72].

Il était vital pour la juridiction administrative, sous peine de rester embourbée dans une « crise de légitimité », et afin de sortir de cette « ataxie locomotrice »[73], de se réformer.
L'efficacité de la justice administrative en matière de protection des libertés s'est opposée au principe de l'effet non suspensif du recours juridictionnel porté devant le juge du fond. En effet, le « privilège du préalable » permet de protéger l'administration dans son action de préservation de l'intérêt général, mais elle peut avoir des

---

[71] *Ibid*, p 717.
[72] CHAUMONT (Ch.), « Esquisse d'une notion de l'acte juridictionnel », *R.D.P.*, 1942, p 93.
[73] JEZE (G.) note sous CE, 21 juin 1911, *De Pressensé*, *R.D.P.*, 1911, p 695.

effets néfastes pour l'individu lésé dans ses libertés, une règle « redoutable pour les administrés »[74].
Les délais devant le juge du fond sont souvent portés à une année, or le contentieux des libertés nécessite une « réponse juridictionnelle immédiate à laquelle ne peut à l'évidence satisfaire quels que soient ses efforts et sa volonté, le juge du fond » comme le rappelle Olivier le Bot[75].
Ne disposant pas des armes de défenses juridictionnelles comparables à celles dont disposait le juge civil des référés, la juridiction administrative en était réduite à utiliser ses procédures de droit commun à l'image du sursis à exécution ou du référé administratif.
Le Professeur Delvolvé, à propos de ces deux outils classiques, parlait du « talon d'Achille du contentieux administratif »[76], ne permettant pas d'obtenir des résultats comparables à la procédure civile des référés.

Le *sursis* permettait de « suspendre » une décision administrative contre laquelle le recours au fond était porté. Mais cette considération est assortie de nombreuses limites.
En effet, le sursis ne pouvait pas être formé à l'encontre d'une demande présentée contre une décision négative[77] et contre un agissement matériel de l'administration, puisque cela ne concernait que les décisions exécutoires[78].

---

[74] SCHWARTZENBERG (RG.), *L'autorité de la chose décidée*, L.G.D.J., 1969, p 91.
[75] LE BOT (O.), *La protection des libertés fondamentales par la procédure du référé-liberté*, *op.cit.*, p 12.
[76] DELVOLVE (P.), *Le droit administratif*, 3ème éd., Dalloz, coll., Connaissances du droit, 2002, p 127.
[77] CE, ass, 23 janvier 1970, Ministre chargé des affaires sociales c/ Amoros, Lebon p 51, *R.D.P.*, 1970 note Waline.
[78] CE, 1er mars 1972, Sieur Lorenzi c/ SCI Saint-françois, Lebon, p 1192.

Cependant la doctrine permet de constater que l'utilisation du *sursis à exécution* fut d'une « extrême réserve »[79] pour le Professeur Rivero, ou encore une « technique anormale » pour Bernard Pacteau[80] ; en résumé, ce sursis apparaissait comme une « grâce » pour l'administré selon Olivier Dugrip[81].
La question de l'octroi du sursis a exécution était débattue par une instance qui mettait six mois pour statuer[82], à tel point que le Professeur Lochak expliquait que « s'il y a vraiment urgence, le mal sera fait depuis longtemps. Et si, dans l'intervalle, la décision a déjà produit tout ces effets, il n'y aura plus lieu de prononcer le sursis [...] »[83].
Cette procédure était donc parfaitement inadaptée aux exigences des citoyens dans la défense de leurs droits, et reflétait « l'imperfection » du juge administratif dans son contrôle à l'égard de l'administration.

C'est de cette carence juridictionnelle en matière de préservation des droits et libertés des administrés, que la voie de fait a été justifiée par des motifs pratiques, bien avant de reposer sur un « habillage » théorique. Les formules qui définissent les droits fondamentaux sont certes admirables, encore faut-il qu'un juge garantisse efficacement leur respect.
L'autorité judiciaire est venue « suppléer ces défaillances », Michel Debary rappelait que « c'est dans un sentiment de défiance qu'est née la théorie de la voie de fait

---

79 RIVERO (J.), *Droit administratif*, Dalloz, 1985, p 229.
80 PACTEAU (B.), *Contentieux administratif*, PUF, 1985, p 233.
81 DUGRIP (O.), « Les procédures d'urgence : l'économie générale de la réforme », *R.F.D.A.*, 2002, p 246.
82 LE BOT (O.), *La protection des libertés fondamentales par la procédure du référé-liberté*, *op.cit.*, p 13.
83 LOCHAK (D.), « Le droit administratif rempart contre l'arbitraire ? », *Pouvoirs*, n°46, 1988, p 53.

administrative »[84]. Face à l'inaptitude viscérale qu'avait le juge administratif à protéger efficacement les droits de l'Homme, le contentieux de la voie de fait a été dévolu au juge judiciaire.

Section 2 – Le justiciable à la recherche d'une réponse juridictionnelle immédiate

Partant, la voie de fait ne pouvait être traitée que par un juge qui avait les moyens de faire cesser efficacement la violation des libertés. Force est d'admettre que devant l'inutilité pratique du référé-administratif (**§1**), le contentieux de la voie de fait ne pouvait être opéré que par le référé civil, qui, dans un tel cas, détenait la plénitude de ses pouvoirs à l'encontre de l'administration (**§2**).

§ 1 – La mise en œuvre du référé administratif : « un théâtre d'apparences »

Il a longtemps été reproché au juge administratif sa carence dans la préservation efficiente des libertés publiques de l'administré. Nombreux sont les auteurs qui déploraient une justice administrative insuffisamment outillée en matière de référé.
Ainsi pouvait-on lire sous la plume du Conseiller d'Etat Ronny Abraham en 1996 : « le préalable indispensable à une révision fondamentale de la jurisprudence en matière de voie de fait [...] était l'introduction dans le contentieux

[84] DEBARY (M.), *La voie de fait en droit administratif*, Thèse, L.G.D.J., 1960, p 169.

administratif, d'une procédure *efficace* de référé »[85]. Aussi, prétendre que le juge administratif n'a jamais eu en sa possession de procédure de référé est erroné, à l'inverse constater l'inefficacité d'une telle procédure est exact.

Le *référé administratif* a été créé après la seconde guerre mondiale dans les mains du président de la section du contentieux du Conseil d'Etat en 1945[86], pouvoir qu'il n'utilisait que très rarement au vu de la jurisprudence du Palais royal[87]. Pour ensuite s'étendre en 1955 aux nouveaux juges de droit commun de l'administration : les tribunaux administratifs[88].
Bien loin de posséder la compétence qui est aujourd'hui dévolue au *référé-liberté* depuis la loi du 30 juin 2000, le référé de « 1955 » se rapproche d'une procédure historique créée en 1889, le *constat d'urgence*[89]. Cette procédure n'était utilisée qu'en vue d'obtenir une « expertise »[90], non pas pour que soit modifiée une situation juridique, mais pour « constater, c'est-à-dire décrire, rendre compte ». En bref, désigner un expert pour que celui-ci qualifie *l'urgence* de ladite expertise. Il s'agissait tout au plus de « photographier l'état des lieux » sans

[85] ABRAHAM (R.), « L'avenir de la voie de fait et le référé administratif », in l'Etat de droit, Mélanges en l'honneur de Guy Braibant, Dalloz, 1996, p 1.
[86] Ordonnance 31 juillet 1945, article 31. Cf. DRAGO (R.), *RDP*, 1953, 297.
[87] Voir par exemple, CE, 25 juin 1952, *Société Fousse et Ewald.*
[88] Loi 28 novembre 1955 instituant le référé administratif.
[89] Institué par la loi du 22 juillet 1889 en son article 24. Le constat d'urgence fut crée en 1889, supprimé par la loi de 1955 instituant le référé administratif, puis crée de nouveau par le décret du 10 avril 1955. Le référé administratif et le constat d'urgence ont ensuite été codifiés aux articles R. 96 et R. 104 de l'ancien code des tribunaux administratifs.
[90] MEJAN (F.), « Référé administratif, sursis à exécution, expertise d'urgence », *rev. Adm*, 1954, p 261.

pouvoir modifier la situation juridique de l'administré lésé[91].

Cette procédure pouvait être mise en œuvre pour « tous les cas d'urgence ». Comme le rappelle le Professeur Tchivounda ce sont « les faits à constater qui justifient l'urgence » [92] . Mais *l'urgence*, est interprétée de façon tellement restrictive par le juge administratif que celui-ci rend inopérant son contentieux, et force est de constater que cette procédure ne donne en aucun cas au juge, la compétence pour ordonner une mesure « relative à la sauvegarde des droits d'une partie ou d'un tiers », l'unique compétence demeurera *l'expertise*, qui en plus de ça, sera sous le contrôle du Conseil d'Etat[93].

Le juge des référés issu de la loi de 1955 a, en apparence, des pouvoirs plus étendus que la procédure du constat d'urgence. En effet, au vu des faits invoqués, le référé devrait pouvoir prononcer des mesures d'instruction (les expertises) et des mesures conservatoires. Nombreuses sont les affaires où le juge des référés n'a pas qualifié *l'urgence* pour ne pas heurter l'administration dans son exercice de puissance publique[94]. En effet, en appréciant très – trop – strictement l'urgence, le juge administratif semble renoncer à utiliser les pouvoirs conservatoires qui lui sont conférés par le législateur, que ce soit au niveau des arrêts des tribunaux administratifs [95] , que de la jurisprudence du Conseil

---

[91] FRIER (P-L.), « Un inconnu : le vrai référé administratif », *A.J.D.A.*, 1980, p 67.

[92] PAMBOU TCHIVOUNDA (G.), « Recherche sur l'urgence en droit administratif français », *R.D.P.*, 1983, p 103.

[93] CE, 21 décembre 1979, Commune d'Arnouville-les-Gonesse, Lebon. p 487.

[94] HAMON (F.), MAISL (H.), *op cit.*, p 50.

[95] Voir en ce sens TA Paris 26 février 1979 *Curiel.*

d'Etat[96]. Ce qui contraste véritablement avec l'attitude beaucoup plus libérale du juge civil des référés en matière de protection des libertés, qui n'hésite pas à caractériser l'urgence lorsque l'administration a agi illégalement, y compris en matière de voie de fait[97].

Le référé administratif est loin d'avoir les mêmes pouvoirs que son homologue judiciaire qui, lui, détient une plénitude de juridiction. Au demeurant l'article R. 130 de l'ancien code des Tribunaux administratifs et des Cours administratives d'appel (ci-après « c.trib.adm »)[98] permet au référé administratif de prononcer en théorie « toute mesure utile », mais la pratique est bien différente puisque l'article R.104 c.trib.adm enferme le référé administratif dans deux limites suffisamment restrictives pour rendre inutile son application : *Il ne doit pas faire préjudice au principal* (article R. 104 c.trib.adm) *ni faire obstacle à l'exécution d'une décision administrative* (R. 102 c.trib.adm).

La première limite – tenant à l'interdiction faite au juge des référés de faire *préjudice au principal* – va entrainer une certaine « timidité » de la part du juge des référés, puisqu'il n'osera pas statuer sur une affaire qui aura une influence sur le jugement au fond. On comprend aisément, que ce contentieux soit considérablement amoindri et réduit à

---

[96] A titre d'exemple, CE, 15 juillet 1959 *Matherey*, rec. p 167 ; Conseil d'Etat, ass., 17 décembre 1976 *Benassi et Ferignac*, rec. p 553, note F. Hamon, *JCP*, 1978, 11.
Le Conseil d'Etat dans ces deux affaires ne retient pas l'urgence, qui aurait permis de mettre en œuvre les compétences qui se rattachent au juge administratif des référés, de ce constat on peut déduire une inutilité contentieuse de ce référé.
[97] Cour d'appel de Colmar, 2 mars 1979, *Breton*.
Dans cette affaire la Cour d'appel accepte d'ordonner une expertise afin que le requérant puisse prouver la qualification de voie de fait.
[98] Abrogé le 1er janvier 2001.

prononcer par ordonnance de simples expertises qui ne risqueront pas de heurter le litige au fond, c'est à dire interdiction faite à ces tribunaux de trancher une question de droit[99].
L'attrait du justiciable envers le juge judiciaire est d'autant plus caractérisé que le nouveau code de procédure civile a permis au référé civil de connaître des jugements au fond, particulièrement efficace en matière de protection des libertés individuelles de l'administré.

La seconde limite – tenant à l'interdiction de faire obstacle à l'exécution d'une décision administrative – est la traduction littérale d'un principe historique du droit administratif : le privilège du préalable, que l'arrêt *Huglo*[100] érigera en « règle fondamentale du droit public ».
De manière corrélative, cette limite allait de concert avec l'interdiction que *s'auto-imposait* le juge administratif, de ne pas prononcer d'injonction à l'administration, ce que le juge civil des référés ne se privait pas de faire.

L'impossibilité pour le juge de faire échec au privilège du préalable permet d'expliquer l'inutilisation du sursis à exécution, pourtant octroyé au référé administratif par le décret du 30 décembre 1953.
En effet même si le décret du 30 décembre 1953 donne cette compétence aux tribunaux administratifs – alors qu'aucune loi ne l'impose au Conseil d'Etat – sa mise en œuvre était telle que son utilisation pratique était

---

[99] CE, 2 mai 1958, *Douesnard*, Lebon, p 257 ; Conseil d'Etat 30 octobre 1959, *Ministre des armées c/ Société chaudronnière et tôlerie de Courbevoie*, Lebon, p 569.
La particularité de ces deux arrêts tient au fait que l'on retrouve dans chacun d'eux, la même formule selon laquelle l'ordonnance des référés doit « laisser intacte les droits des parties au fond ».
[100] CE, 2 juillet 1982, *Huglo*, n° 25288.

impossible. L'article R 98 c.trib.adm. réduisant son application à une dimension exceptionnelle en cas « d'extrême urgence », et prononcée par la totalité des membres du tribunal, ce quorum mettait des mois à statuer[101]. La notion d'urgence étant intimement liée au sursis à exécution, son application n'avait plus lieu d'être puisque l'urgence ne pouvait plus être caractérisée.

En tout état de cause, le référé administratif a pu faire ses preuves dans deux domaines – excepté le prononcé d'expertise – en travaillant avec la C.A.D.A [102] (Commission d'accès aux documents administratifs) instaurée par la loi du 17 juillet 1978 ; ainsi qu'en matière d'expulsion d'un occupant sans titre du domaine public[103].

Il s'agit là d'un contentieux particulier puisqu'on était en présence d'une requête opérée par l'administration demandant au juge des référés d'ordonner ladite expulsion, ce qui est un amoindrissement – pour ce type de contentieux – de l'obstacle du *principal.* Car comment dans une telle situation, ne pas trancher une question de droit ? D'ailleurs dans ses conclusions sous l'arrêt *Commune de Sallanches*, M. Denoix de Saint-Marc écrivait : « La Commune de Sallanches demandait au juge des référés [...] de trancher l'objet même du litige [...] une telle demande préjudiciant nécessairement au

---

[101] LE BOT (O.), *La protection des libertés fondamentales par la procédure du référé-liberté*, *précité*, p 13.

[102] Ordonnance en référé du TA Rennes 1er octobre 1981, *Vinco.*
En l'espèce, suite au risque de documents administratifs, le référé administratif valide la communication d'un dossier demandé par la C.A.D.A.

[103] A titre d'exemples, CE, 25 mars 1960 SNCF c/ *Dame Barbey*, Lebon p 222 ; CE, 13 juillet 1961, *Compagnie fermière du casino de Constantine*, *R.D.P.*, 1961, p 1087, concl. Bernard.

principal » [104] . Par voie de conséquence, si le juge administratif se refusait de prononcer des injonctions à l'administration, cette dernière était la seule à bénéficier des mesures du référé – mis à part l'expertise – en saisissant le référé afin qu'il ordonne l'expulsion d'un occupant sans titre.

Le référé se devait d'aller plus loin. D'abord en mettant à profit ses pouvoirs pour protéger les droits des administrés. A titre d'exemple le juge judiciaire des référés s'est reconnu depuis longtemps compétent pour s'opposer à l'exécution d'une décision administrative constitutive d'une voie de fait[105].
Puis, en mettant en œuvre de manière efficace ses pouvoirs de sursis à exécution. Un tel pouvoir, certes dévolu au juge administratif des référés, mais enfermé dans des conditions qui étaient telles que son application était inopérante. En effet ce *sursis* ne devait être utilisé qu'en cas « d'extrême urgence » [106], et prononcé par la totalité des juges du tribunal administratif. Intimement lié à l'urgence, le sursis n'était presque jamais mis en œuvre étant donné que l'urgence n'avait plus lieu d'être constatée. Le sursis devenait une procédure « dépourvue d'intérêt »[107].
A titre d'exemple, l'arrêt *Sirugue*[108] illustre à merveille la considération selon laquelle le juge des référés

---

[104] CE, 2 mars 1977, *Commune de Sallanches*, Lebon p 926, concl. Denoix de Saint Marc.
[105] TC, 18 décembre 1947, *Dame Cortesi* ; *D.*, 1948, p 62, note Fréjaville.
[106] Article R. 98 du code des tribunaux administratifs.
[107] PAMBOU TCHIVOUNDA (G.), « Recherche sur l'urgence en droit administratif français », *précité*, p 104.
[108] CE, 23 février 1979, *Société anonyme Sirugue*. Le juge administratif des référés vérifie que tout « mesure utile » prononcée par lui, ne porte pas atteinte au fond. En l'espèce tel était le cas pour la communication de pièces administratives.

administratif ne prononcera une mesure conservatoire que si elle ne porte pas atteinte à la résolution du litige au fond. Autrement dit, on perçoit mal comment le référé administratif pourrait statuer en urgence sur une illégalité commise par l'administration aux libertés publiques.

En dehors de ces hypothèses contentieuses somme toute assez réduites, force est de constater que le référé administratif est inopérant en matière de préservation des libertés publiques à l'instar de son homologue judiciaire.
Par voie de conséquence, le contentieux des libertés publiques demeurera dans le giron du référé civil, car « on doit noter – déploraient les professeurs Hamon et Maisl – que jusqu'à présent, le référé administratif et le constat d'urgence n'ont guère été utilisés pour la protection des libertés publiques »[109].
Ainsi, force est de conclure qu'en l'absence de procédure de référé équivalente, la voie de fait ne pouvait être appréhendée qu'à travers le prisme du référé judiciaire.

§ 2 – La récupération de la voie de fait par le juge civil des référés

Le juge administratif étant désemparé lorsqu'il est confronté à une préservation urgente des libertés fondamentales, et n'ayant pour seule satisfaction – fut-elle louable – qu'une condamnation morale de l'administration par le recours pour excès de pouvoir[110], les justiciables tournent le dos à la justice administrative.

---

[109] HAMON (F.), MAISL (H.), *op. cit.*, p 50.

[110] HUET (P.), « L'évolution cyclique de la compétence administrative en matière de protection de la liberté individuelle », *A.J.D.A.*, 1973, p 518.

C'est de cette considération pratique, que le contentieux de la voie de fait a été concédé au juge judiciaire par le juge administratif. Déjà lorsque le Conseil d'Etat agissait – lors de la « justice retenue » – en tant qu'organe départiteur des compétences, il avait lui-même abandonné le contentieux de la voie de fait au profit du juge judiciaire durant la période de la Restauration en 1827 [111]. Si l'indépendance de la justice administrative n'est aujourd'hui plus discutée, sa capacité à défendre les libertés, elle, le sera encore pendant plus d'un siècle.
Ainsi le juge administratif, par cette concession – fusse-t-elle vivement regrettée – au juge judiciaire, s'est lui-même fermé au contentieux de la régularité de la puissance publique, et à celui de la voie de fait[112]. Mais pouvait-il en être autrement ?

La théorie de la voie de fait est ainsi née « à une époque où le seul véritable juge était le juge judiciaire »[113]. En effet, pour réparer les dommages causés par les agissements liberticides de l'administration, le juge judiciaire bénéficiait d'une plénitude de juridiction. Il avait en sa possession l'octroi de dommages et intérêts, la faculté de statuer sur la légalité d'un acte administratif « dénaturé », ainsi que le prononcé d'une injonction à l'administration (ce que le juge administratif se refusait de faire)[114]. Mais l'arme la plus redoutable dans

---

[111] CE, *conflit*, 21 septembre 1827 *Rousseau*, Lebon, p 504 (recueil des Ordonnances royales).

[112] GILBERT (S.), « L'immixtion du référé-liberté dans le champ de la voie de fait : vers une perte de sens de la voie de fait », *D.A.*, 2013 n°3, p. 54.

[113] DEBARY (M.), *La voie de fait en droit administratif, précité*, p. 169

[114] BORIES (A.), « Le baroud d'honneur de la voie de fait », *Petites Affiches*, 2002, p. 24.

les mains du juge judiciaire restait, à bien des égards, la procédure du référé.
En d'autres termes, dans le contentieux de la garantie effective des libertés de l'administré, seul le juge judiciaire disposait d'un référé qui pouvait faire cesser de manière rapide et effective, les agissements autoritaires de l'administration qui agissait en dehors de ses pouvoirs.
Le juge administratif se refusait d'enjoindre un comportement à l'administration, puisqu'il ne voulait pas se comporter en « administrateur » [115], en dictant à l'administration se qu'elle devait faire ou ne pas faire. Ce qui, par voie de conséquence, affectait considérablement son pouvoir de sanction à l'égard de l'administration. L'injonction est ainsi résumée par Jacques Chevallier : « un ordre de faire qui serait adressé par un juge à une personne publique »[116], sous la menace d'une sanction.
Au demeurant, même si certaines procédures existaient, elles étaient d'une inefficacité tout à fait singulière, ce qui nous amenait à conclure en l'absence de procédure de référé administratif digne de ce nom, comme l'expliquait déjà Serrigny en 1858[117].

Dès lors si le juge administratif se trouve désemparé en matière de protection effective des libertés publiques à la suite d'une illégalité commise par l'administration aux droits et libertés des administrés, nous ne pouvons que rappeler le constat terrifiant que faisait le Professeur

---

[115] VIVIEN (A-C.), *L'autolimitation du juge administratif*, Thèse, Lille, 2005, p 111.
[116] CHEVALLIER (J.), « L'interdiction pour le juge administratif de faire acte d'administrateur, A.J.D.A., 1972, p 67.
[117] SERRIGNY (D.), « Examen de la jurisprudence du Conseil d'État et des cours judiciaires sur les limites de la compétence de l'autorité administrative et de l'autorité judiciaire, en matière de travaux et d'expropriation publics », *Rev. crit. législ. et jurispr.* 1858, p. 97

Mathiot : « On en est presque réduit à souhaiter de subir, de la part de l'autorité administrative, l'une de ses atteintes graves à la propriété ou aux libertés publiques »[118].

Par voie de conséquence, la voie de fait avant de se munir d'assises théoriques – juridiques – largement décriées comme nous le verrons, s'est d'abord construite sur une finalité pratique, car contentieuse[119]. Le conseiller d'Etat Ronny Abraham rappelait en 1996 que la voie de fait devait « la faveur dont elle bénéficie auprès des requérants, [...] à la faiblesse criante du contentieux administratif dans le domaine des procédures d'urgence »[120].
Cette « exception » à la séparation des autorités administratives et judiciaires posée par la loi des 16 et 24 août 1790, se justifiait d'un point de vue pratique, par l'unique voie du référé judiciaire à protéger efficacement les libertés publiques, en prononçant une injonction à l'administration afin qu'elle cesse immédiatement une telle atteinte aux libertés. Le succès du référé judiciaire, contrastait avec son homologue administratif[121], qui se devait de rester en dehors du contentieux des libertés, laissant le juge judiciaire – ignorant tout des rouages de l'administration mais mieux outillé – seul maître du contentieux des libertés.
Alain Lacabarats précisât que le juge civil des référés incarne « pour les parties comme pour le juge, l'idéal d'une

---

118 MATHIOT (A.), Note sous CE, 28 décembre 1949, Société des automobiles Berliet, S., 1951, 3, p 6.
119 BRETONNEAU (A.), DOMINO (X.), « La voie de fait mise au régime sec », *A.J.D.A.*, 2013. 1568, p 1.
120 ABRAHAM (R.), « L'avenir de la voie de fait et le référé administratif », *L'Etat de droit*, mélanges en l'honneur de Guy Braibant, Dalloz 1996, p 6.
121 HAMON (F.) et MAISL (H.), « L'urgence et la protection des libertés contre l'administration », *D.*, 1982, chron., n°VII, pp 49-55.

justice rapide, efficace, dépouillée de son formalisme et de la complexité de ses mécanismes »[122].

Les célébrissimes jurisprudences qui ont fait la voie de fait, ont montré la compétence du juge judiciaire à agir rapidement, en prononçant une injonction à l'égard de l'administration fautive, pour préserver la liberté d'expression [123] ou le droit de propriété pour ne citer qu'eux.

> « *L'action de l'administration se place hors du droit. Le juge judiciaire est seul compétent pour constater la commission d'une voie de fait, enjoindre à l'administration de la faire cesser et ordonner la réparation des préjudices subis* »[124].

La rapidité d'action contentieuse du référé judiciaire est exposée dans l'article 485 du nouveau code de procédure civile :

> « *La demande est portée par voie d'assignation à une audience tenue à cet effet aux jour et heure habituels des référés.*
>
> *Si, néanmoins, le cas requiert célérité, le juge des référés peut permettre d'assigner, à heure indiquée, même les jours fériés ou chômés* »[125].

---

[122] LACABARATS (A.), « Le référé », in *Le nouveau code de procédure civile : vingt ans après*, colloque des 11 et 12 décembre 1997, La documentation française, 1998, p 214.

[123] CE, 18 novembre 1949 *Carlier*, publié au Lebon, n°91864.

[124] TC, 8 avril 1935 *Action française*, n°00822, citation issue du site internet du tribunal, http://www.tribunal-conflits.fr/decisions-quelques-grands-arrets.html

[125] Version de l'article 485 du code de procédure civile en vigueur au le 23 janvier 2012.

La lecture attentive de cet article est particulièrement intéressante, puisque comme le rappelle le Professeur Lacabarats, si la demande est urgente – et qu'elle ne peut attendre la prochaine audience des référés – le second alinéa prévoit une procédure accélérée « d'heure à heure », l'administration fautive pourra ainsi être citée à comparaître n'importe quel jour, fut-il férié ! [126] Car l'atteinte portée à une liberté fondamentale, n'aura que faire des heures légales d'ouverture pour violer l'essence même de l'Homme, sa liberté.

Il était donc vital qu'un mécanisme soit là pour l'en empêcher et à n'importe quel moment. C'est de cette considération que la voie de fait garantissait aux personnes : « dans les cas d'illégalité les plus flagrants, une protection juridictionnelle effective que l'on pensait ne pouvoir résulter pleinement que de l'intervention des tribunaux judiciaires » [127], étant les seuls à détenir une procédure de référé digne de ce nom.

Mais séduits par ce mécanisme, les requérants vont invoquer – à tort – devant le juge judiciaire, des agissements pourtant non-constitutifs de voie de fait, afin d'être réparés dans leurs droits lésés par le seul juge qui en avait les moyens. Les nombreux efforts de modernisation du juge administratif ne suffiront pas à endiguer cette fuite en avant du contentieux administratif vers l'autorité judiciaire.

---

[126] Par la théorie de la dénaturation, l'administration n'est plus une autorité publique, mais considérée comme simple particulier justiciable des tribunaux ordinaires.

[127] ABRAHAM (R.), « L'avenir de la voie de fait et le référé administratif », *op.cit.*, p 7 de l'article.

Chapitre 2 – La prise de conscience du juge administratif de sa marginalisation

Consciente de son décalage par rapports aux exigences juridictionnelles, la juridiction administrative a débuté sa quête de l'urgence pour traiter efficacement les libertés (Section 1). Si ces efforts sont concrets et demeurent le passage obligé vers une réforme de grande ampleur qui la conduirait à une égalité de protection avec le juge judiciaire, ils ne sont pas suffisants pour endiguer une utilisation dévoyée de la notion de « voie de fait » par le juge judiciaire, au mépris des règles de séparation des autorités juridictionnelles (Section 2).

Section 1 – La juridiction administrative face à une culture de l'urgence

Devant son incapacité chronique, la juridiction administrative reste embourbée dans une crise de légitimité dont les nombreuses réformes des années quatre-vingts ne parviendront pas à endiguer (**§1**). L'apport du pouvoir d'injonction, s'il participe de ce mouvement, aura le mérite de remettre le juge administratif dans une culture de l'urgence (**§2**).

§ 1 – Des lacunes persistantes à l'origine d'une crise de légitimité

« Je remorque avec peine mon ennui avec mes jours, et je vais partout bâillant ma vie ». Ces mots prononcés par Chateaubriand dans ses *Mémoires d'Outre-tombe*, pourraient dépeindre à merveille le dilemme cornélien auquel est confronté la juridiction administrative. En effet, consciente de ses carences, elle fut contrainte de se moderniser devant une tendance européenne d'individualisation du contentieux, et une revendication toujours plus forte des justiciables de voir une justice administrative, aussi efficace que son homologue judiciaire. Seulement, sa volonté se vit irrémédiablement freinée par des principes ancestraux qui l'empêchent souvent malgré elle de se moderniser : son refus de prononcer une injonction, de faire préjudice au principal, ou encore de faire échec à l'exécution d'une décision de l'administration.

La justice est de plus en plus pensée à partir de l'individu[128], ce qui entraîne de manière corrélative une progression sans précédent des procédures d'urgence. Exigence que le juge administratif peine à réaliser.

La loi du 16 juillet 1980[129] sur le pouvoir *d'astreinte* est symptomatique de cette volonté réformatrice, mais empreinte d'inefficacité ou du moins d'insuffisance. Cette loi permet au Conseil d'Etat d'astreindre l'administration ou une personne privée ayant en charge une activité de service public, à respecter « l'autorité de la chose jugée »[130]. Elle mettait ainsi fin à une longue tradition selon laquelle le juge se refusait de prononcer une astreinte à l'égard d'une personne privée[131], ainsi qu'à l'encontre de l'administration puisqu'il se refusait d'être administrateur[132].

---

[128] CEDH, 9 octobre 1979, *Airey*, Série A, n°32. La Cour Européenne des Droits de l'Homme a affirmé que la protection des droits fondamentaux des citoyens se devait d'être « concrète et effective ».

[129] Loi du 16 juillet 1980 n°80-539.

[130] Articles 2 et 6 de la loi du 16 juillet 1980 précitée, reprise aujourd'hui à l'article L.911-5 du code de justice administrative.

[131] CE, 30 mai 1913, *Préfet de l'Eure* ; Lebon. CE 1913, p 583.

[132] CE, 27 janvier 1933, *Le Loir* ; Lebon. CE 1933, p 136.

Selon M. Chevallier (CHEVALLIER, (J.), « L'interdiction pour le juge administratif de faire acte d'administrateur », AJDA 1972, I, p 70) cette

On trouve des applications jurisprudentielles de cette loi dans lesquelles le Conseil d'Etat use de ses prérogatives d'astreinte[133], mais la tendance générale, elle, semble toute autre.
En effet, la lecture de la jurisprudence[134] – et également de la doctrine [135] – traduit une interprétation tellement restrictive de l'astreinte par le Conseil d'Etat, qu'elle laisse au justiciable « le sentiment d'une irrémédiable impuissance »[136]. Force est de constater qu'une astreinte, qui ne serait pas assortie d'une injonction, contribue à l'inefficacité d'une protection rapide des libertés de l'administré[137].

N'y a t-il aucun moyen, dans ces années quatre-vingts, de doter le juge administratif de procédure d'urgence ? Nous pouvons être persuadés du contraire, à l'instar du Professeur Rivero qui affirmait que le droit administratif s'est construit « à coup d'audaces ».

---

interdiction remonte à CE, 16 janvier 1874, *Frères des écoles chrétiennes* ; rec. Lebon p 43.

133 Voir en ce sens. CE, sect, 17 mai 1985, *Mme Menneret*, req, n°51592 ; confirmé récemment par CE, 8ème sous-section, 31 mars 2014, n°365029, inédit au rec. Lebon.

134 A titre d'exemples. CE, sect., 17 octobre 1986, *Vincot*, req. n°63472 ; CE, 28 juillet 1989, req. n°105665 ; CE, 8 avril 1994, req. n°146183 ; CE 3 avril 1992, req. n°98285.

Autant d'exemples qui montrent que le Conseil d'Etat refuse de prononcer une astreinte, en ne la retenant que dans des cas épars.

135 DAHER (A.), « La faillite de facto de la loi sur les astreintes administratives », *R.A.* 1992, p 409.

136 PLOUVIN (J-Y), « Au secours, le juge civil des référés arrive ! (ou de la réduction du juge administratif par le juge judiciaire des référés) », *G.P.*,1989, 1, p. 105.

137 HUBAC (S.), ROBINEAU (Y.), « Droit administratif : vues de l'intérieur », *Pouvoirs*, n°46, 1988, p 124.

L'auteur cite à titre d'exemple Conseil d'Etat 11 juillet 1986, *Wallyn c/ Commune de Braydunes.*

Le mécanisme instauré par la loi du 2 mars 1982 instituant le *déféré préfectoral* – dans les mains du représentant de l'Etat – est particulièrement intéressant.
En effet, cette loi instaure dans les mains du préfet la procédure de *sursis en 48 h,* lorsqu'un acte d'une collectivité territoriale « était de nature à compromettre l'exercice d'une liberté publique ou individuelle ». Aussi, dans un premier temps, si le préfet, peut saisir le tribunal administratif aux fins d'annulation de l'acte, il pourra également accompagner sa demande de ce fameux sursis en 48 h.
Ainsi cette procédure, même si elle ne fut utilisée que dans de rares occasions[138], a le mérite de présenter toutes les composantes d'une véritable procédure de référé[139].

Mais alors, pourquoi ne pas élargir cette compétence du préfet à n'importe quel requérant, fut-il un simple administré ? Le développement qui va suivre demeure de la pure prospective mais le raisonnement scientifique n'en demeure pas moins pertinent.
En effet, comme le suggèrent les professeurs Hubac et Robineau, un tel élargissement pourrait profiter, dès lors qu'est en jeu une liberté publique[140], à d'autres personnes que le préfet ; et, par voie de conséquence, à d'autres actes que ceux issus des collectivités locales, toujours dans le but d'une meilleure protection des libertés publiques et individuelles.
Si une partie de la doctrine y voit un avantage, la pratique est également plausible à l'aune de la jurisprudence du

---

[138] LACHAUME (JF.), « Droits fondamentaux et droit administratifs », *A.J.D.A.*, 1998, num spécial, p 104.
[139] Voir en ce sens. Conseil d'Etat, ord 22 novembre 1984, *Allain*, rec. Leb, p 382.
[140] HUBAC (S.), ROBINEAU (Y.), « Droit administratif : vues de l'intérieur », *op.cit.*, p 125.

Conseil d'Etat de 1995 *Hoarau*[141]. En effet, force est d'admettre que si un acte porte atteinte à une liberté, toute personne – administré ou représentant de l'Etat – devrait pouvoir l'invoquer devant le juge.
Alors que le Professeur Rivero affirmait que « la spécificité des libertés publiques s'affirme [...] dans la loi de décentralisation de 1982 », une critique peut être opérée à son endroit[142].
En effet, la très faible utilisation[143] de ce *sursis en 48 h*, fut à l'origine de nombreuses dérives notamment la pénétration de la sphère de compétence du juge administratif par le référé civil comme l'illustre la jurisprudence *Piselli*[144] : une violation de la séparation des ordres juridictionnels que traduit une utilisation dévoyée de la voie de fait, en l'invoquant à tort devant le juge judiciaire, alors qu'il n'était question d'une simple *illégalité* administrative.

Sans une aide du législateur pour attribuer le pouvoir au juge administratif de prononcer de réelles injonctions à la suite d'astreintes, la protection des libertés par l'autorité administrative restera vaine et parcimonieuse. Ajoutons à cette considération que, dépourvue de toute procédure de référé digne de ce nom, le juge administratif n'arrivera pas à endiguer le morcellement de son contentieux qui conduira le juge civil des référés à accueillir des affaires administratives, qu'il rebaptisera pour l'occasion « voie de fait ».

---

[141] CE, ord. 8 juin 1995, *Hoarau*, rec. Leb, p 322 ; *AJDA* 1995, p 505, chron. Jacques-Henri Stahl et Didier Chauvaux.
[142] RIVERO (J.), MOUTOUH (H.), *Libertés publiques*, t 1, 9ème éd, coll Thémis droit public, PUF droit, p 12.
[143] A titre d'exemple, le Préfet refuse de prononcer un sursis en 48h à l'égard d'un acte d'une collectivité territoriale. TA Strasbourg, 21 juin 1984, p 693, note Plouvin.
[144] CAA d'Aix en Provence, 1er décembre 1987, *Piselli*, AJ 1988, p 550.

§ 2 - La mise en œuvre de procédures efficientes de défense des libertés :

L'ancien président de la Cour européenne des droits de l'homme Jean-Paul Costa déclarait que « le problème le plus redoutable est celui de l'efficacité, une justice lente [...] peut s'avérer être une parodie de justice »[145]. Le propos selon lequel la justice administrative demeure en dehors d'une culture de l'urgence, est erroné. Force est d'admettre l'immense travail opéré depuis le décret du 2 septembre 1988, qui a mis fin à l'unité du régime du référé administratif [146], montrant l'évolution de la justice administrative dans sa « quête » de l'urgence.
Mais est-ce suffisant pour récupérer un contentieux administratif morcelé par un juge judiciaire enclin à prêter une oreille complaisante à un justiciable déçu par une justice administrative, dont l'ensemble des procédures d'urgence restaient insuffisantes ?[147].

Un vent de réformes a soufflé sur la juridiction administrative, dont la loi du 16 juillet 1980 n'en était que prolégomènes.
Si la réforme de 1995, accordant – par voie législative – le pouvoir d'injonction aux juges administratifs, a été indispensable à la réforme massive opérée par la loi du 30 juin 2000, elle n'aurait sans doute jamais vu le jour sans un juge administratif prompt à une culture de l'urgence[148].

---

[145] COSTA (J.P.), « Le juge et les libertés », *Pouvoirs*, n°84, p 81.

[146] Le décret du 2 septembre 1988 ayant instauré le référé-provision (article R. 129 CTA) ; le référé-instruction (R. 128 CTA) et le référé-conservatoire (R. 130 CTA).

[147] GUETTIER (Ch.), « L'administration et l'exécution des décisions de justice », *AJDA* 1999, numéro spécial, *Puissance publique ou impuissance publique ?*, p 66.

[148] MODERNE (F.), « Vers une culture de l'urgence dans le contentieux administratif ? », *D.*, 2001, p 3285.

A titre d'exemple, le décret du 2 septembre 1988 créa le *référé-provision*, alors que huit ans plus tôt le juge administratif des référés se refusait de prononcer la moindre provision[149]. La loi du 10 janvier 1990 a introduit un recours spécial contre les arrêtés préfectoraux de reconduite à la frontière, dont il appartenait au juge administratif – alors saisi sous 24 h – de se prononcer dans un délai de 48 h. C'est également l'apparition « venu d'ailleurs » [150] du *référé-précontractuel* issu des lois des 4 janvier 1992 et 29 janvier 1993 qui ont instauré cette procédure, dans le domaine de la passation des marchés publics pour tout manquement relatif à l'obligation de publicité et de mise en concurrence.

Le juge administratif s'est très tôt reconnu compétent pour prononcer une injonction à l'égard d'une personne privé[151], mais ce dernier – jusqu'à la loi de 1995 – refusait d'en faire de même à l'égard de l'administration, en vertu du principe de séparation de la justice administrative et de l'administration active, tel qu'en témoigne l'arrêt *Sieur X* du 9 juillet 1971 :

> *« Considérant que (…) si en cours d'instance, le sieur X … a demandé au tribunal administratif d'inviter l'administration à exécuter complètement le jugement susmentionné, ces dernières conclusions n'étaient pas*

---

[149] CE, 28 novembre 1980, *Gaz de France.*

[150] Expression de René Chapus, cité par F. Llorens.
LLORENS (F.), « Le référé précontractuel entre continuité et changement », in *Le nouveau juge administratif des référés, Réflexions sur la réforme opérée par la loi du 30 juin 2000*, Annales de la faculté de droit de Strasbourg, p 27.

[151] CE, 13 juillet 1956 *Office HLM du département de la Seine*, Leb, p 343 ; *AJDA*, 1956.II.312.

recevables (…) n'ayant pas qualité pour adresser des injonctions à l'administration »[152].

Toutefois, le paradoxe tient au fait que le juge judiciaire se reconnaissait compétent pour prononcer de telles astreintes ou injonctions à l'égard de l'administration, en cas de voie de fait[153]. De plus, de tels pouvoirs étaient également reconnus au juge civil des référés[154].
Si la théorie de la dénaturation de l'action administrative en matière de voie de fait s'accommode fort bien de son exception à la séparation des ordres de juridictions, l'attitude à cet égard du juge judiciaire est toute autre, et le pas est aisé à franchir pour détourner la voie de fait de sa stricte définition.
A la lumière d'ordonnances civiles rendues en référé, on peut percevoir que le juge a prononcé une injonction à l'administration, alors que le Tribunal des conflits n'avait pas retenu la qualification de voie de fait[155], mais tout au plus une forte illégalité administrative.
Le Tribunal des conflits ne semble pas sanctionner le juge judiciaire sur fondement dévoyé de la voie de fait, mais il retient simplement la compétence judiciaire sur le principe de la protection de la propriété privée. La note de Marcel Walline sous l'arrêt *Manufacture de velours* de 1948 est particulièrement intéressante. En effet, il ressort de son étude que si une partie de la doctrine veut bien entendre la

---

[152] CE, 9 juillet 1971, *Sieur X* ; rec. Leb ; p 534.
[153] TC, 17 mars 1949, *Société Hôtel du vieux Beffroi* et *Société Rivoli Sébastopol* ; Lebon. 1949, p 592 et 594.
[154] Voir en ce sens. Tribunal civil de la Seine, référé, 3 février 1947 *Société des Laboratoires de chimiothérapie* ; Tribunal civil d'Albi 13 mars 1935 *Abbé Bonnafous et autres c/ Maire de Réalmont.*
[155] TC, 17 juin 48, *Manufacture velours et peluches et société Velvétia* ; Lebon. 1948, p 513 ; TC, 2 février 1950, *Sieur Gauffreau c/ Manufacture d'armes de Châtellerault*, Leb p 651 ; Cass, com, 17 avril 1956, *Ville de marseille c/ d'Authier de Sisgau*, *JCP*, 1965.II.9330, note P.Vellieux.

position du Tribunal des conflits, elle ne peut s'empêcher d'entrevoir un élargissement de la compétence judiciaire[156]qui, vraisemblablement, prendra de l'ampleur dans le contentieux égaré de la voie de fait.

Autant d'efforts, qui ont conduit le législateur du 8 février 1995 à créer dans les mains du juge administratif – et non plus seulement dans celles du Conseil d'Etat comme il en était question par la loi du 16 juillet 1980 – un véritable pouvoir d'injonction, ainsi qu'un pouvoir de « suspension » de l'exécution d'un acte administratif[157].
En effet, il était intolérable que le juge judiciaire continu, à l'approche du XXIème siècle, d'être le seul juge qui détienne un pouvoir d'astreinte et d'injonction à l'égard de l'administration.
Les professeurs Hubac et Robineau déclaraient que l'injonction était le « passage obligé vers l'efficacité, ce qui faciliterait le jeu des astreintes ». Désormais le juge administratif peut assortir son injonction d'une astreinte, ce qui a d'ailleurs conduit à de réelles sanctions de l'administration lorsque celle-ci pouvait contrevenir aux droits fondamentaux.[158]
Si la loi de 1995 a conduit à des progrès extraordinaires pour la juridiction administrative, notamment par la création d'un « juge unique » [159] dans dix domaines exhaustivement énumérés, cela est encore largement perfectible par une compétence générale dévolue au juge administratif des référés.

---

[156] note Walline sous l'arrêt du 17 juin, *RDP* 1948 p 581.

[157] LABETOULLE (D.), « Le projet de réforme des procédures d'urgence devant le juge administratif », *AJDA* 1999, numéro spécial, *Puissance publique ou impuissance publique ?*, p 80.

[158] CE, 4 juillet 1997, *Bourezak* ; *AJDA* 1997, p 584, chron. Chauvaux et Girardot.

[159] Articles L4-1 et suivant du code des TA et des CAA.

Aussi, même si la loi de 1995 apparaît comme le point d'orgue d'une série de réformes en faveur de la juridiction administrative, la situation demeure insatisfaisante pour le justiciable confronté à la violation de ses libertés. En effet, comme le rappelait le président Labetoulle en 1999, le juge administratif des référés ne peut toujours « pas adresser des injonctions à l'administration ni prendre de mesure efficace face à une situation de fait ou à un refus opposé par l'administration ». Ajoutons un octroi toujours plus restrictif de la *suspension provisoire d'exécution* créée en 1995, puisqu'il n'était mis en œuvre que pour un risque de « conséquence irréversible » et d'un « moyen sérieux ». Des conditions « encore plus sévères que celles présidant à l'octroi du sursis à exécution [soumis à un risque] difficilement réparable et d'un moyen sérieux »[160].
La défense des libertés par l'autorité administrative – même si un pas de géant a été franchi depuis le début des années 80 – ne parvient pas à apporter une réponse satisfaisante au contentieux de l'urgence lorsque les libertés sont menacées, et à endiguer la fuite en avant du contentieux administratif vers le juge judiciaire.

De nombreuses procédures ont conduit le juge administratif à statuer dans l'urgence, avec les mêmes pouvoirs que lui ont procurés les diverses réformes depuis les années quatre-vingts. Il faudrait donc combiner ces apports législatifs pour les appliquer aux procédures d'urgence, ce qui conduirait enfin à une protection effective des droits fondamentaux.

---

160 FOULETIER (M.), « La loi du 30 juin 2000 relative au référé devant les juridictions administratives », *RFDA* 2000, p 968.

En bref, un juge des référés efficace pourrait prononcer un *sursis à exécution* sans crainte de faire échec au principal, ou qui pourrait prononcer une injonction assortie d'une astreinte.
Jean-François Lachaume a étudié cette considération selon laquelle les articles L. 8-2 et L. 8-3 de l'ancien code des T.A et C.A.A ne faisaient pas obstacle à ce que les mécanismes qu'ils prévoient soient utilisés « pour assurer l'exécution de décision juridictionnelle prises au titre d'une procédure d'urgence »[161]. Sur ce point la jurisprudence du Conseil d'Etat semble contraster avec celle des juges du fond. En effet, ces derniers semblent réticents à user de tels mécanismes[162], contrairement aux juges du Palais royal qui eux, n'y voient pas une incompatibilité majeure entre une jonction opérée entre les pouvoirs d'injonction et d'astreinte avec les procédures d'urgence[163].

Mais sans réforme profonde du référé administratif, pour que celui-ci soit outillé de manière égale à son homologue judiciaire, le juge administratif ne parviendra pas à protéger efficacement les libertés publiques[164] ; il ne pourra que contempler la formidable fuite en avant de son contentieux vers le juge judiciaire, à tel point que son « utilité contentieuse » sera remise en cause[165]. Ce morcellement est une violation pure et simple du principe de séparation des autorités juridictionnelles. L'invocation abusive des cas de voie de fait « fictives » devant le juge

---

161 LACHAUME (JF.), « Droits fondamentaux et droit administratifs », *op.cit*, p 104.

162 CAA Lyon, 15 décembre 1994, *Baeteman et Poulet-Georges*, Killian, *AJDA* 1995, p 195, chron. Courtial.

163 CE, 14 novembre 1997, *Communauté urbaine de Lyon*, req. n°165540.

164 MODERNE (F.), « Vers une culture de l'urgence dans le contentieux administratif ? », *D*. 2001, p 3283.

165 GAUDEMET (Y.), « Crise du juge et contentieux administratif en droit français », in. *La crise du juge* (LENOBLE, J., dir.), LGDJ, coll., La pensée juridique, 1990, p 100.

judiciaire, traduit cette carence du juge administratif à faire face à l'urgence de manière efficiente, malgré cet important mouvement de réformes.

Section 2 – La fuite du contentieux administratif vers le juge judiciaire

Phénomène constaté longtemps avant les réformes massives du contentieux administratif, l'utilisation abusive des cas de voie de fait est due à la faiblesse du juge administratif dans le contentieux des libertés (**§1**). Parmi ces affaires de voie de fait « imaginaires », l'une aura été à l'origine d'un véritable cataclysme juridictionnel (**§2**).

§ 1 – La faiblesse du juge administratif à l'origine d'une utilisation dévoyée de la voie de fait :

Après quelques infléchissements jurisprudentiels dans les années 1980[166], quant au caractère « insusceptible de se rattacher à un pouvoir de l'administration » pour constater – ou faire cesser – une voie de fait, le Tribunal des conflits est revenu à une interprétation stricte de cette notion. En effet, la célébrissime jurisprudence *Eucat*, avait conduit le Tribunal des conflits à caractériser la voie de fait en admettant une forte illégalité de la part de l'administration. Décriée par la doctrine comme un bouleversement jurisprudentiel de la théorie, le Tribunal des conflits est revenu à la définition qu'il entendait lui donner dans les années 1940, à l'image du considérant de principe de l'arrêt *Carlier*[167] de 1949 rédigé comme suit :

---

166 TC, 9 juin 1986, *Eucat*, Lebon. p 301.
167 CE, 18 nov, 1949, *Carlier*, *précité*.

« Il n'y a voie de fait justifiant la compétence des juridictions de l'ordre judiciaire que dans la mesure où (…) cette dernière décision soit elle-même manifestement insusceptible d'être rattachée à un pouvoir appartenant à l'autorité administrative ».

Cette formulation de l'organe départiteur, va se retrouver dans sa jurisprudence postérieure. Cette considération marque sa volonté de définir très strictement la voie de fait, afin d'éviter tout abus qui conduirait à violer le principe législatif[168], et dans une certaine mesure constitutionnel [169] , de la dualité juridictionnelle.

Mais force est de constater, qu'après avoir fait figure de dogme pendant plusieurs décennies, cette définition stricte a été écornée, par l'immense succès du référé judiciaire auprès des justiciables en quête d'efficacité juridictionnelle. Etant incapable de faire face à l'urgence, le juge administratif – fut-il saisi en référé – ne pouvait pas offrir aux justiciables la réaction contentieuse qu'ils

---

[168] Art. 13 de la loi des 16 et 24 août 1790 sur l'organisation judiciaire prévoit que « Les fonctions judiciaires sont distinctes et demeureront toujours séparées des fonctions administratives. Les juges ne pourront à peine de forfaiture, troubler, de quelque manières que ce soit, les opérations des corps administratifs, ni citer devant eux les administrateurs à raison de leurs fonctions » ; décret du 16 Fructidor An III « Défenses itératives sont faites aux tribunaux de connaître des d'actes d'administration, de quelques espèce qu'ils soient, aux peines de droit ».

[169] Cons. const., n°86-224 DC, 23 janvier 1987, Rec. p 8, GDCC, n°41 ; Cette décision du Conseil constitutionnel dégage le Principe fondamental reconnu par les lois de la République selon lequel la juridiction administrative détient une compétence constitutionnelle pour connaître des actes administratifs pris dans l'exercice de prérogatives de puissances publiques.

attendaient de lui, lorsque l'administration portait atteinte à leurs libertés fondamentales.
C'est ainsi, au mépris des principes inhérents à la séparation des ordres de juridiction, que les justiciables ont invoqué de manière abusive des cas de voie de fait « imaginaires » qui n'en remplissaient pas les critères, afin que soient jugées rapidement des affaires où était en cause l'atteinte à leurs libertés par l'administration, en dehors des cas de voie de fait. Déjà en 1954 le Professeur Liet-Veaux affirmait : « Privés de la procédure du référé administratif, les administrés ont, par la force des choses, fait appel aux tribunaux judiciaires, au nom de la voie de fait »[170]. Le Professeur Stahl confirmant : « Les justiciables ont ainsi pris l'habitude de former un recours là où la loi ne les a pas placés »[171].

La voie de fait est une notion purement jurisprudentielle dont il appartient au Tribunal des conflits d'en façonner les contours et d'en poser les jalons de définition, afin qu'elle demeure une « exception » au principe de séparation des ordres judiciaires et administratifs.

Aussi, l'admirable formule de Montesquieu selon laquelle « c'est une expérience éternelle que tout homme qui a du pouvoir est porté à en abuser »[172], pourrait parfaitement dépeindre l'ardeur qu'ont eu les tribunaux judiciaires, à porter une « oreille complaisante »[173] envers

170 LIET-VEAUX (G.), *R.A*, 1954, p 613.
171 STAHL (J.H.), « Le juge administratif, garantie de l'administration ? », *A.J.D.A.*, 1999, numéro spécial, Puissance publique ou impuissance publique ?, p 58.
172 MONTESQUIEU, *De l'esprit des lois*, Livre XI chapitre IV, 1748.
173 LE BOT (O.), *La protection des libertés fondamentales par la procédure du référé-liberté*, *op.cit*, p 16.

les requérants qui venaient invoquer devant eux des cas « imaginaires » de voie de fait.
Il est vrai que la notion, malléable de surcroît, est difficile à appréhender pour le juge. Qui pourrait affirmer que telle catégorie relève d'une voie de fait ? Cette réponse est impossible, et l'on doit se résigner à une étude au cas par cas.
Simplement, s'il est rare – pour ne pas dire jamais[174] – que le juge administratif se déclare incompétent puisque confronté à une voie de fait, on note de nombreux conflits positifs élevés avec succès par le Tribunal des conflits, prouvant que le juge judiciaire pénètre la « sphère de l'administration », ce qui démontre l'attrait du référé judiciaire pour les requérants.

Si ce phénomène est ancien, nous pouvons constater qu'il se poursuit au delà des nouvelles procédures offertes par le législateur au juge administratif en matière d'urgence, à l'image de la loi du 16 juillet 1980 ou de celle du 8 février 1995. Il est indéniable que ces procédures marquent une volonté de doter le juge administratif de procédures permettant une protection efficiente des libertés, mais elles sont pour l'heure insuffisantes et ne parviennent pas à empêcher la violation du principe de séparation des autorités juridictionnelles, par le juge civil. En effet, ont été portés à tort devant le juge judiciaire : la révocation d'un agent public[175] ; l'abatage d'arbres pour prévenir un incendie[176] ; un retrait d'une carte de résident étranger[177] ou encore un refus de visa[178].

---

[174] ABRAHAM (R.), « L'avenir de la voie de fait et le référé administratif », *op.cit.*, p 3.
[175] CAA d'Aix en Provence, 1er décembre 1987, *Piselli*, AJ 1988, p 550.
[176] TC, 25 janvier 1993, *SCI Oasis*, p 389.
[177] TC, 27 novembre 1995, *Mme Duzgan*, p 502.
[178] TC, 23 octobre 2000, *Boussadar*, n°1087.

Certains exemples sont tout à fait singuliers, étant donné qu'aucune liberté fondamentale n'était en jeu. Mais le contentieux – là encore administratif – fut porté devant le juge judiciaire. Aussi la question de la relégation d'un club de football dans une division inférieure[179] ; le refus de la part de l'administration de restituer un permis de chasse[180]… autant d'exemples qui montrent une utilisation fourvoyée de la voie de fait par le juge civil.

Si la doctrine parlait « d'égarements judiciaires » à l'instar de René Chapus[181], il ne faut pas incriminer l'ensemble de l'ordre judiciaire. En effet, la Cour de Cassation si elle sanctionne les juges du fond qui n'auraient pas retenu une voie de fait[182], sanctionne avec plus de détermination encore, les magistrats qui accueillent avec complaisance ces cas de voie de fait abusifs[183]. Dans la majeure partie des cas, l'affaire est invoquée devant le référé civil, qui « pressé d'intervenir dans les secteurs les plus divers » accueille volontiers ces affaires dévoyées de voie de fait[184], montrant la volonté des justiciables de se tourner vers le seul juge de l'urgence pouvant apprécier immédiatement l'atteinte à une liberté fondamentale.

La jurisprudence de la Cour de Cassation montre son abnégation à censurer les juges du fond, pour se ranger

---

[179] TC, 13 janvier 1992, *Association nouvelle des Girondins de Bordeaux*, Lebon, p 473.

[180] TC, 24 février 1992, *Préfet de la Gironde*, Lebon, p 477.

[181] CHAPUS (R.), *Droit administratif général*, 14ème éd., 2000, t.1, n°1087.

[182] Cour de Cassation, 1ère ch. Civ, 3 février 2004, n°02-13.349.

[183] Voir à titre d'exemple. Civ. 1ère 25 mai 1992, *Ba Cheik*, D 1992, IR, p 207 ; Civ. 1ère 18 novembre 1997, *Oxforf Univ. Press*, D 1997, IR, p 260, DA 1998, n°59 ; Cass 1ère Civ, 14 novembre 2012, n°11-24-234, *Commune de Courbehaye*.

[184] NORMAND (J.), « Le juge judiciaire, gardien non exclusif des libertés. Le cas des étrangers », RTDCiv, 1996, p 238.

aux côtés du Tribunal des conflits afin de respecter la dualité juridictionnelle, sans quoi les juges judiciaires se prononceraient purement et simplement sur un acte administratif, sur le fondement dénaturé de la voie de fait.

Mais force est de constater qu'une volonté de maintenir une interprétation stricte de cette notion, tout en sanctionnant les égarements des tribunaux civils, ne suffira pas à cantonner strictement la voie de fait. On peut noter que ce phénomène, bien qu'ayant diminué suite à la loi du 30 juin 2000 instaurant le référé-liberté, a continué, tel qu'il en résulte de la jurisprudence de la Cour de Cassation[185], et du Tribunal des Conflits[186]. Ce constat avait déjà été anticipé par Franck Moderne lorsqu'il mentionne : « il n'est nullement certains que les errements antérieurs disparaitront »[187].

Ces remontrances faites aux magistrats judiciaires, demeureront vaines tant que la protection juridictionnelle administrative ne sera pas à la hauteur de l'ordre judiciaire en matière de protection des libertés, et contribue à « brouiller un peu plus la frontière des compétences »[188] juridictionnelles. De manière corrélative, ces abus « pointaient du doigt la carence » du juge administratif – pour reprendre les mots d'Olivier le Bot – dans la protection des libertés publiques. Une procédure administrative *calquée* sur le référé civil s'imposait.

185 Civ. 1ère, 8 mars 2005, *Agent judiciaire du trésor c/ Marcelin*, Bull. civ I.

186 TC, 19 janvier 2004, *Société SLPK Aircraft funding c/ Aéroport* ; TC, 20 octobre 2008, *Grunenberger c/ Ministre de l'Education Nationale*, n°3695.

187 MODERNE (F.), « Vers une culture de l'urgence dans le contentieux administratif ? », D., 2001, p 3284.

188 ABRAHAM (R.), « L'avenir de la voie de fait et le référé administratif », *op.cit.*, p 4.

§ 2 – Le bouleversement opéré par la jurisprudence des « Marocains de Honfleur » :

Le 12 mai 1997, le Tribunal des conflits fut saisi de l'affaire *Ben Salem et Taznaret*[189], dite « Marocains de Honfleur ». Un arrêt qui s'inscrit dans les nombreux cas d'utilisation abusive de la voie de fait par les magistrats judiciaires statuant en référé. Mais cette affaire là, pourtant assez similaire aux dizaines de précédents, fut d'un tout autre acabit.

Le matin du 9 août 1996 a vu s'arrimer dans le port de Honfleur en Normandie, le cargo *Félix*. Est signalé aux autorités la présence dans le bateau de deux clandestins – messieurs *Ben Salem et Taznaret* – aussitôt la police de l'immigration, selon les dispositions de l'ordonnance du 2 novembre 1945, les empêche de débarquer sur le sol français.
Ladite ordonnance prévoit que dans un tel cas, les clandestins seront consignés dans une zone d'attente[190] afin que soit procédé au contrôle de leur identité. Seulement les faits nous montrent que les autorités normandes ont consigné ces individus non pas dans une zone d'attente mais dans le cargo lui même, avec un dispositif de surveillance.

---

[189] TC, 12 mai 1997, *Préfet de Police de Paris c/ Tribunal de grande instance de Paris*, Lebon p 528 ; voir *A.J.D.A.*, 1997, pp 575-584, chron. CHAUVAUX et GIRARDOT ; *R.F.D.A.*, 1997, pp 512-524, concl. J. ARRIGHI DE CASANOVA. Pour une présentation générale des circonstances qui ont conduites à cet arrêt V. les conclusions de J. Arrighi de Casanova, « les limites de la voie de fait (police des étrangers et liberté individuelle), *RFDA* 1997, p 514.

[190] La loi du 6 juillet 1992 impose de placer les clandestins dans une « zone d'attente » durant le contrôle de leur identité par les autorités de police françaises.

Les sieurs Ben Salem et Taznaret saisissent alors le juge judiciaire de Paris pour que celui-ci par la voie du référé *d'heure à heure* statue sur la décision administrative sur le fondement de l'article 136 du code de procédure pénale[191]. Le préfet de police de Paris prit aussitôt un déclinatoire de compétence à l'encontre du tribunal judiciaire qui refusa d'y faire droit, après avoir retenu la qualification de voie de fait[192].
Saisi, le Tribunal des conflits donnera quelques mois plus tard satisfaction au juge administratif.

Depuis une série de précédents[193] en matière de droit des étrangers, la voie de fait « perturbatrice au delà de l'acceptable » selon la formule du Professeur Chapus continue de semer le trouble dans le contentieux des libertés fondamentales, à l'image de cet arrêt du 12 mai 1997.
En effet, le tribunal des conflits refuse que le juge judiciaire des référés fonde sa compétence, et de surcroît sur l'article 136 du Code de procédure pénale précité, en l'absence de voie de fait caractérisée.

> *« Considérant que ces dispositions (…), qui dérogent au principe de séparation des autorités administratives et judiciaires (…) ne sauraient être interprétées comme autorisant les tribunaux judiciaires à faire obstacle à*

---

191 L'article 136 du code de procédure pénale prévoit la compétence exclusive du juge judiciaire pour « tous les cas d'atteinte à une liberté individuelle ».

192 TGI Paris, Ord. 9 août 1996, *G.P* 1997, 2, pp 396 à 397.

193 Depuis les affaires *Dulangi et Gisti* (TC, 24 avril 1994, n°02920), *Madaci et Youbi* (TC, 20 juin 1994, n°02932 avec intervention *Gisti et Cimade*), *Dme Robert et Gisti* (TC, 4 novembre 1996, n°03035) et *Ben Salem et Taznaret* (TC, 12 mai 1997, *Préfet de police de Paris c/ TGI de Paris*, n°03056 . affaire Me Simon Foreman), les constats de voie de fait ne sont plus très fréquents en droit des étrangers.

l'exécution des décisions prises par l'administration en dehors des cas de voie de fait ... »[194].

Ainsi, la décision administrative de consignation à bord du cargo procède tout au plus d'une illégalité de l'administration, et que cela ne constitue en rien une voie de fait. En effet, l'article 5 de l'ordonnance de 1945 prévoit la possibilité de l'exécution forcée d'une décision administrative pour le refus d'entrer sur le territoire ou la consignation dans une zone d'attente. Force est de constater que l'écartement de l'esprit de l'ordonnance (article 35 *quater*), en les consignant non pas dans une zone d'attente mais au sein du cargo, procède d'une illégalité – de la compétence du juge administratif – et revêtant en rien le caractère « insusceptible » de se rattacher à un pouvoir de l'autorité administrative qui aurait été synonyme de voie de fait.
La décision du Tribunal des conflits, accordant ce contentieux à la juridiction administrative a eu un tel retentissement que sa *crédibilité* fut remise en cause[195].
En effet, cette décision a dû être tranchée par la voix du Garde des Sceaux Ministre de la justice M. Toubon[196], procédé assez exceptionnel puisqu'il ne s'était produit qu'une douzaine de fois depuis l'arrêt Blanco de 1873[197].
Reconnaître la compétence de la justice administrative c'était reconnaître l'incompétence pratique de cette juridiction dans ce contentieux. Incapable de régler le

---

[194] Arrêt précité du 12 mai 1997, cons. n°2.
[195] WACHSMANN (P.), « Le nouveau juge administratif des référés. Réflexions sur la réforme opérée par la loi du 30 juin 2000 », PU de Strasbourg, 2002, *ann. de la Faculté de droit de Strasbourg, nouvelle série*, n° 5, p 97.
[196] Rapport Pierre Sargos, *JCP*, 1997 éd. Générale, II.22861.
[197] CLEMENT (N.), « Une perle rare : une voie de fait en droit des étrangers (le retour de la folle du logis », *C.P.D.H.*, 26 nov 2008.

contentieux de l'urgence, les requérants devaient se résigner à voir leurs libertés violées[198].
Aussi, il ne leur restait plus qu'à lier le contentieux en se positionnant sur une décision de refus de l'administration de revenir sur sa décision de consignation, ce qui aurait pris plusieurs mois. Le pouvoir d'injonction n'aurait pas pu fonctionner puisqu'il aurait paralysé l'action administrative allant à l'encontre du privilège du préalable de la puissance publique.

Par voie de conséquence, cette décision du Tribunal des conflits pointait du doigt toutes les carences de la justice administrative : absence de procédure efficace de référé qui refusait de prononcer une injonction à l'administration ; lenteur du recours pour excès de pouvoir ; etc ...
Autant de maux qui ont entrainé la démission de Pierre Sargos membre du Tribunal des conflits, consterné par la violation des droits de la défense auxquels pouvait impunément porter atteinte l'administration. Cette décision fut aussi le moyen pour l'ordre judiciaire de militer en faveur de la suppression d'une juridiction administrative obsolète. Mais ce fut l'élément déclencheur qui a amené certains conseillers d'Etat, parfois sous un pseudonyme à l'image de *Solon*, de s'opposer aux vœux de la juridiction judiciaire en défendant certes que la justice administrative avait fait des progrès dans les années 90, mais qu'elle se devait « d'aller plus loin » dans son arsenal juridictionnel de protection des libertés[199].

Ce 12 mai 1997 a bouleversé l'existence de la juridiction administrative au sein même des couloirs du

---

[198] PETIT (S.), « Le retour de la voie de fait », *A.J.D.A.*, 2002, p 235.
[199] SOLON, « Un émoi à côté de la plaque », *Le Monde*, 24 mai 1997, p 19.

Palais royal, tel que le rapporta l'ethnographe Bruno Latour[200].
La Haute juridiction administrative était contrainte de réagir, ce qu'elle fit. Le vice-président du Conseil d'Etat commanda une réforme, dans sa fameuse lettre faite aux pouvoirs publics le 31 mai 1997, dans laquelle il préconisait la création d'un référé aussi compétent que son homologue judiciaire, ainsi qu'un vrai pouvoir d'injonction administratif[201].

Cette jurisprudence, fut à l'origine de la création du référé-liberté et de l'adoption de la loi du 30 juin 2000.

---

200 LATOUR (B.), *La fabrique du droit. Une ethnographie du Conseil d'Etat*, La Découverte, 2002, pp 44-55.
201 FOULETIER (M.), « La réforme des procédures d'urgence : le nouveau référé administratif », *R.F.D.A.*, 2000, p 964.

Titre 2 – La procédure du référé-liberté : une disparition pratique de la voie de fait

Les nouvelles procédures de référés administratifs issues de la loi du 30 juin 2000, ont été créées en marge de la voie de fait, afin d'avoir deux procédures distinctes de défense des libertés. Une telle volonté n'était qu'illusoire en pratique (**Chapitre 1**), et l'activisme du juge administratif dans le maniement de ce nouvel outil a entrainé, paradoxalement, sa compétence en matière de voie de fait (**Chapitre 2**).

Chapitre 1 – L'illusion d'une étanchéité entre le référé-liberté et la voie de fait

Le législateur a entendu créer une procédure administrative de défense des libertés, tout en préservant la voie de fait dans les mains du juge judiciaire (Section 1). Cependant, contrairement à la volonté des parlementaires, le volontarisme du juge administratif le conduisit à concurrencer la compétence de l'autorité judiciaire en matière de voie de fait (Section 2).

Section 1 – La volonté initiale du législateur de préserver la voie de fait

La lecture des rapports parlementaires qui ont conduit à l'adoption de la loi du 30 juin 2000, montrent la volonté de ne pas supprimer la voie de fait (**§1**). La rédaction de la loi ramène – du moins en théorie – la notion de voie de fait à une certaine « orthodoxie » (**§2**).

§ 1 – La détermination parlementaire de maintenir la notion de voie de fait :

La loi du 30 juin 2000 n°2000-597 instaurant le référé-liberté, fut l'occasion pour les parlementaires de « sonner le glas »[202] de la vielle théorie de la voie de fait, ou du moins « d'admettre à la retraite ce grand premier rôle de la scène juridique »[203].

---

[202] Expression empruntée au Commissaire du gouvernement Jacques Fournier dans ses conclusions sur :
CE, 9 juillet 1965, *Sieur Voskresensky*.
[203] CHAPUS (R.), *Droit administratif général*, *op.cit.*, n° 1087.

Pourtant, la réponse des députés et sénateurs fut tout autre, à en croire les différents rapports parlementaires sur le projet de loi qui allaient tous dans le même sens : préserver la voie de fait, cet historique chef de compétence dévolu au juge judiciaire.

Le projet de loi ne faisait aucunement référence à la notion de voie de fait, exposant que :
« Lorsqu'une atteinte grave et manifestement illégale est portée à une liberté fondamentale du fait de l'administration, le juge des référés saisi d'une demande en ce sens justifiée par l'urgence, peut ordonner toutes mesures nécessaires à la sauvegarde de cette liberté »[204].

Dès lors, le danger d'un « chevauchement » de compétences était grand, à l'instar du Professeur Thiriez expliquant que cette définition semblait correspondre « mot pour mot à la définition juridique de la voie de fait »[205]. Ainsi, aucune différence ne pouvait être faite entre la compétence du nouveau référé-liberté et celle du juge judiciaire en matière de voie de fait. Mais n'était-ce pas plus simple de procéder ainsi ?[206] L'escarmouche parlementaire qui suivit le projet de loi, ne fut-elle pas un immense jeu de dupes ?

La loi du 30 juin 2000, et plus précisément la nouvelle procédure du référé-liberté, a fait l'objet de vives

---

204 LOMBARD (M.), « Eloge de la « folle du logis » : la dialectique de la théorie de la voie de fait et du référé-liberté ». *Mélanges Cohen-Jonathan, Bruylant,* 2004, p.1132.

205 THIRIEZ (F.), « Le projet de loi relatif aux procédures d'urgence devant le juge administratif des référés », *L.P.A.*, 1999, n°79, p 4.

206 LE BOT (O.), *La protection des libertés fondamentales par la procédure du référé-liberté*, *op.cit.* p 332. L'auteur y affirme que « la loi du 30 juin 2000 a bien *inutilement* limité la compétence du juge du référé-liberté ».

discussions parlementaires entre les deux Chambres. En effet, si la nouvelle procédure dévolue au juge administratif les rapproche, la notion de voie de fait, elle, les distingue. Le Sénat – tel que le rapporte Hugues Moutouh – craignait plus que l'Assemblée nationale, de voir disparaître l'ancestrale théorie de la voie de fait administrative[207].

En première lecture du texte, il est limpide de conclure à la volonté des deux Chambres de préserver la voie de fait dans les mains du juge judiciaire. Seulement, le moyen d'y parvenir semblait bien différent. Le Sénat, par la voix de Pierre Fauchon, voulait que soit rajouté à l'article 4 du projet de loi – en s'appuyant sur la Constitution – que la compétence du référé-liberté puisse s'exercer « sans préjudice de la compétence reconnue aux juridictions de l'ordre judiciaire en matière de voie de fait »[208]. Cette position fut suivie par l'ensemble du Sénat malgré les réticences du Gouvernement à cet amendement. Du côté de la Chambre basse, même si l'on partage les inquiétudes des sénateurs, la référence à la voie de fait diffère de celle du Sénat. En effet, l'Assemblée nationale, par la voix du rapporteur Pierre Colcombet – dont les conclusions avaient enchanté la Représentation nationale – était hostile à insérer dans la nouvelle loi, la notion de « voie de fait ». La référence à cette notion jurisprudentielle se devait d'être plus implicite dans un texte législatif[209].

---

[207] MOUTOUH (H.), « La voie de fait dans le projet de la loi relatif au juge administratif des référés : la folle du logis enfin domestiquée ? », *D.* 1999, p 1.

[208] JO déb. Sénat, CR séance 8 juin 1999, pp 3753-3754.

[209] MODERNE (F.), « Le référé-liberté devant le juge administratif », in, *Le nouveau juge administratif des référés. Réflexions sur la réforme opérée par la loi du 30 juin 2000*, PU de Strasbourg, 2002, *ann. de la Faculté de droit de Strasbourg*, p 142.

Ainsi, l'Assemblée nationale – à la demande de la Commission des lois – décidait d'apporter la précision « *dans l'exercice d'un de ses pouvoirs* »[210].

La seconde lecture se présente face à un Sénat dubitatif sur la référence *implicite* à la voie de fait dans le texte de la Chambre basse. Il souhaite néanmoins que soit fait référence à la *compétence judiciaire*, et modifie à son tour la disposition législative en précisant que la mesure de sauvegarde s'exercera « sans préjudice des compétences reconnues aux juridictions judiciaires »[211]. M. Garrec précisant que « l'article 4 du projet de loi ne remet pas en cause la répartition des compétences entre les deux ordres de juridiction. Si l'administration a agi dans un domaine manifestement insusceptible de se rattacher à l'exercice d'un pouvoir qui lui est légalement reconnu, la théorie de la voie de fait trouvera à s'appliquer »[212].
La rédaction de cette disposition du Sénat, indubitablement laconique, n'a pas convaincu l'Assemblée nationale qui reprendra sa rédaction initiale, la jugeant plus précise[213]. M. Colcombet venant à conclure que « la rédaction de l'Assemblée définit plus précisément [...] le champ de compétence de chacune des juridictions »[214].

Campées sur leurs positions respectives, les deux Chambres se sont vues départagées par la Commission mixte paritaire sur « la manière d'articuler l'article L. 521-2 CJA et la théorie de la voie de fait », comme l'a exposé l'étude de Marjolaine Fouletier[215], afin de résoudre ce

[210] JO, Débats, Assemblée nationale, p 10941.
[211] Doc. Sénat, 2000, n°2186, p 2.
[212] GARREC (R.), Rapport Sénat n°210, p 18.
[213] Voir Rapport F. Colcombet, Doc. Ass. Nat n°2302, p 10.
[214] COLCOMBET (F.), JO déb. AN, CR séance 6 avril 2000, p 3161.
[215] FOULETIER (M.), « La loi du 30 juin 2000 relative au référé devant les juridictions administratives », *R.F.D.A.* 2000, p 972.

conflit somme toute *terminologique*, puisque le Parlement avait le même objectif, celui de maintenir en vie la notion de voie de fait.

Dès lors, M. Garrec a exprimé son accord avec le texte de l'Assemblée nationale, qui écarte dans le premier alinéa de l'article 4, toute référence explicite à la voie de fait rappelant qu'il s'agissait « d'une notion purement jurisprudentielle »[216]. Il aurait été invraisemblable qu'une notion jurisprudentielle figure dans un texte législatif[217].

Ainsi, par la volonté du Parlement, allait se ranger aux côtés de la voie de fait, une seconde procédure de défense des libertés.

§ 2 - Le retour à une orthodoxie en matière de voie de fait : un jeu de dupes ?

Désormais, chaque juge administratif – fut-il *référé* – peut enjoindre à l'administration de faire cesser une violation aux libertés fondamentales.

L'article L 521-2 CJA fut rédigé comme suit :

> *« Saisi d'une demande en ce sens justifiée par l'urgence, le juge des référés peut ordonner toutes mesures nécessaires à la sauvegarde d'une liberté fondamentale à laquelle une personne morale de droit public [...] aurait porté, dans*

---

216 COLCOMBET (F.) et GARREC (R.), Rapport n°2460 (Assemblée nationale) et n°396 (Sénat), p 4.

217 GILBERT (S.), « L'immixtion du référé-liberté dans le champ de la voie de fait : vers une perte de sens de la voie de fait », *D.A.*, 2013 n°3, p. 49 et suiv.

l'exercice d'un de ses pouvoirs, une atteinte grave et manifestement illégale [...] »[218].

La loi du 30 juin 2000 a enfin doté le juge administratif d'une procédure de référé aux pouvoirs comparables à ceux détenus par le référé-civil depuis de nombreuses années. Le législateur a été guidé, avant tout, par la volonté de mettre fin aux excès du juge judiciaire en matière de voie de fait[219]. Une telle violation du principe de séparation des autorités juridictionnelles, issue des lois révolutionnaires des 16 et 24 août 1790, est inacceptable dans un Etat de droit.

La précision terminologique « *dans l'exercice de ses pouvoirs* » a été rajoutée sciemment, afin « d'assurer une certaine étanchéité » – du moins en théorie – entre ces deux procédures de défense des libertés[220]. Car étant rappelé par le Tribunal des conflits dans son arrêt *Boussadar*[221], la voie de fait se caractérise par le caractère « *insusceptible d'être rattaché à un pouvoir* » dont dispose l'administration. Par cet arrêt, l'organe répartiteur s'inscrit dans la ligne directrice des parlementaires, celle de maintenir la théorie de la voie de fait[222].

Désormais, si la voie de fait n'est pas retenue par le juge judiciaire, le requérant n'est plus démuni puisqu'une

---

[218] Article L521-2 du Code de justice administrative, créé par Loi n°2000-597 du 30 juin 2000 - art. 4 JORF 1er juillet 2000 en vigueur le 1er janvier 2001.

[219] DUBREUIL (Ch-A.), « La voie de fait nouvelle est arrivée », *J.C.P.A. adm et coll terr*, 14/10/2013, p 10 de l'article.

[220] SLAMA (S.), « Le tribunal des conflits déshabille la folle du logis », *R.E.V.D.H.*, 2013, p 6.

[221] TC, 23 octobre 2000, *Boussadar c/ Ministre des affaires étrangères*, Lebon p 776, *AJDA* 2001 p 144, chron. M. Guyomar et P. Collin et J. Sainte-Rose.

[222] WAQUET (Ph.), « Regard sur le Tribunal des conflits », *D.*, 2002, chron, p 746.

seconde voie de droit s'offre à lui, le référé-liberté. Dès lors on peut en déduire que les justiciables n'iront plus devant le juge judiciaire pour alléguer devant lui toute violation commise par l'administration aux libertés. Le Professeur Traoré exposant à ce propos que la loi de 2000 a imposé « implicitement une lecture plus orthodoxe de la notion jurisprudentielle de la voie de fait »[223].

Une lecture *orthodoxe*, est-ce vraiment le mot ? Nous pouvons être persuadés du contraire et pencher vers la thèse de Martine Lombard lorsqu'elle affirme que la loi du 30 juin conduira à une « supposée orthodoxie »[224]. Bien plus qu'une nuance terminologique, c'est la brèche dans laquelle va s'engouffrer le juge administratif dans sa reconquête du rôle qu'il a toujours voulu avoir : le protecteur des libertés publiques.

En séparant aussi distinctement les deux procédures, les parlementaires n'ont-ils pas en réalité permis au juge administratif des référés de récupérer l'ensemble du contentieux des libertés fondamentales ? Force est de constater, qu'il ne sera plus dans l'intérêt du justiciable de saisir le juge judiciaire, par crainte d'un allongement des procédures.

En effet, outre le risque pour le justiciable de se voir opposer une *déclaration d'incompétence*, le juge judiciaire peut, s'il caractérise une voie de fait, voir son jugement annulé par la Cour d'Appel ou la Cour de Cassation, au motif qu'il aurait retenu à tort une « voie de fait », et par voie de conséquence, porté atteinte au principe de séparation juridictionnelle. C'est également le Préfet, qui peut

---

223 TRAORE (S.), « Référé-injonction et voie de fait : vers un retour à l'orthodoxie en matière de voie de fait », *D.A*, 2001, p. 10

224 LOMBARD (M.), « Eloge de la « folle du logis » : la dialectique de la théorie de la voie de fait et du référé-liberté ». Mélanges Cohen-Jonathan, *Bruylant*, 2004, p.1132.

opposer un *déclinatoire de compétence* au juge civil afin que le conflit soit élevé devant le Tribunal des conflits qui accordera – ou non – l'affaire à l'autorité civile si on est en présence d'une voie de fait, ou au juge administratif.
S'en suit un danger toujours plus grand pour le justiciable, de voir un allongement des procédures qui tarderait à enjoindre à l'administration d'arrêter immédiatement la violation qu'elle porte à une liberté.

Mais si le juge administratif venait à statuer sur une affaire où le « parfum » de voie de fait est fort, qui lui fera le reproche ? Personne, nous pouvons le penser. En effet, la loi de 1872 – en son article 24 – prévoit la procédure dite de « *revendication* », qui permet au ministre concerné de retirer l'affaire au juge administratif et de la confier au Tribunal des conflits pour que celui-ci admette la compétence juridictionnelle adéquate, s'il y a un doute sur la compétence administrative. Seulement, comme le rappelle Olivier le Bot, cette procédure n'a jamais été mise en œuvre depuis 1872[225], et il est peu probable qu'elle intervienne aujourd'hui à l'heure où le référé-liberté est devenu aussi compétent que son homologue judiciaire dans la protection des libertés.

Ajoutons à ce sentiment d'invulnérabilité dans lequel peut se trouver le juge administratif, la considération selon laquelle le législateur n'a pas entendu définir ce que le juge devait entendre par « liberté fondamentale », ce sera donc à lui seul de décider. La lecture du contentieux depuis les années 2000 nous montrera que le juge administratif a tenu ce rôle très à cœur, au point de faire concurrence au

---

[225] LE BOT (O.), *La protection des libertés fondamentales par la procédure du référé-liberté*, *op.cit.*, p 582, note 2301.

juge judiciaire dans son pré-carré traditionnel, et de faire vaciller la théorie de la voie de fait.
Peut-être les propos du Professeur Seiller selon lesquels le référé-liberté « fait perdre toute légitimité à l'argument pratique justifiant l'exercice de la voie de fait, par la plus grande efficacité du juge judiciaire à défendre les libertés » [226] sont-ils prématurés, sans une étude approfondie de ce contentieux. Pour l'heure, si la voie de fait n'a pas encore totalement perdu sa justification pratique, elle en a toutefois perdu son attrait.
Si une large partie de la doctrine s'accorde sur le fait de dire que cette nouvelle procédure administrative va conduire inévitablement à un tarissement du contentieux de la voie de fait[227], la pratique démontrera que sera balayé l'argument selon lequel « la loi fait obstacle à ce que soit attrait dans son champ d'application ce qui relève de la voie de fait » tel que pouvait l'écrire Gilles Bachelier[228].

Section 2 – L'activisme du juge administratif des référés afin de concurrencer la voie de fait

La loi du 30 juin 2000 entrainera – indépendamment de la volonté du législateur – un paradoxe. C'est par une interprétation restrictive de ces conditions d'application (**§1**), que le juge du référé-liberté va pouvoir donner une appréciation large à la notion de liberté fondamentale (**§2**)

---

[226] SEILLER (B.), « La voie de fait, en voie de disparition de fait ? », *R.J.E.P.*,01/10/2013, p 6 de l'article.

[227] Voir en ce sens. SAINTE-ROSE (J.), « La théorie de la voie de fait doit-elle être abandonnée ? », *D.*, 2001, p 2337 ; COLLIN (P.), GUYOMARD (M.), « La loi du 30 juin 2000 n'a pas de conséquence sur la jurisprudence sur la voie de fait », *A.J.D.A.*, 2001 p. 144.

[228] BACHELIER (G.), « Le référé-liberté », *R.F.D.A.*, 2002, p. 261

qui aura pour conséquence de concurrencer le champ d'application de la voie de fait détenu par le juge judiciaire.

§ 1 – Une lecture restrictive des conditions de mise en œuvre du référé-liberté :

La voie de fait et la procédure du référé issu de la loi du 30 juin 2000, semblent avoir pour dénominateur commun « l'urgence ». Il est vrai en effet, que l'article L. 809 alinéa 1er du nouveau code de procédure civile déterminant les pouvoirs du référé civil, lorsque celui-ci par exemple serait amené à se prononcer sur une voie de fait, ne fait nullement référence à l'urgence :

> « Le président peut [...] prescrire en référé les mesures [...] qui s'imposent, soit *pour prévenir un dommage imminent*, soit *pour faire cesser un trouble manifestement illicite* »[229].

La Cour de Cassation eut rappelé en 1983 que le référé judiciaire pouvait être mis en œuvre sans qualifier *l'urgence* et si l'une des deux conditions – alternatives – était remplie [230] . Mais la doctrine semblait l'entendre différemment. En effet, Pierre Tifine pouvait considérer que « si l'urgence n'est pas expressément requise pour la mise en œuvre de la théorie de la voie de fait, on peut considérer que son exigence est implicite »[231]. D'autres auteurs en revanche, ont considéré le contraire à l'instar

---

[229] Extrait de l'article L 809 alinéa 1er du nouveau code de procédure civile. Version en vigueur au 23 juin 1987.

[230] Cass., civ 3ème, 22 mars 1983, *Bull. civ.* III, n°83.

[231] TIFINE (P.), « La constatation d'une voie de fait ne constitue pas un obstacle à la mise en œuvre de la procédure de référé liberté », *R.G.D.*, 2013, p 2.

de Guillon-Coudray affirmant que la victime pourrait obtenir réparation « alors même que la cessation du trouble qu'elle subit ne présente pas un caractère d'urgence »[232].

La procédure du référé-liberté appelle quant à elle, une approche toute différente de la notion. En effet la condition de l'urgence, inhérente à la mise en œuvre du référé liberté, détient depuis l'arrêt *Commune de Pertuis*[233] une place toute particulière dans la jurisprudence puisqu'il y est clairement mentionné une urgence au « sens de l'article L 521-2 ». Ainsi, le juge distinguait le référé-liberté de la procédure du référé-suspension (article L. 521-1 CJA) pour qui le législateur n'a pas mentionné l'exigence du délai de 48 h. Par voie de conséquence le référé-suspension se prononcera seulement si on ne peut attendre la réponse du juge du fond. Dès lors la notion de *l'urgence*, si elle est strictement admise par le juge des référés[234], conditionne certes le prononcé d'une mesure dans les 48 h, mais elle demeure profondément subjective dans l'appréciation des faits comme le relevait Olivier Dugrip [235]. La difficulté de cerner l'urgence pouvait s'expliquer – selon R. Vandermeeren – « par la nature éminemment concrète et relative »[236] de cette notion.

---

232 GUILLON-COUDRAY (S.), *La voie de fait administrative et le juge judiciaire*, thèse Paris II, 2002, p 273.

233 CE, ord. 18 février 2003, *Commune de Pertuis*, Lebon p 68, AJDA 2003, pp. 1171-1778, note Cassia et Beal.

234 Voir à titre d'exemples : une décision de refus de visa, CE ord. 12 février 2007, *Mme Qudaih*, req. n°301352 ; concernant un arrêté interruptif de travaux, CE. Ord, 28 mars 2008, *Ministre de l'écologie c/ Mme Kadri*, req. n°314368, lebon p 125.

235 DUGRIP (O.), *L'urgence contentieuse devant les juridictions administratives*, PUF, coll. Les grandes thèses du droit français, 1991, p 332.

236 VANDERMEEREN (R.), « La réforme des procédures d'urgence devant le juge administratif », *AJDA* 2000, p 711.

Aussi, nous pouvons prendre le parti de dépeindre la qualification de cette notion « relative, empreinte de subjectivité et d'empirisme »[237] qu'est *l'urgence*, par le prisme de l'atteinte « grave » et « manifestement illégale » portée à une liberté fondamentale. Pour Paul Cassia « l'urgence semble présumée par l'atteinte grave et manifestement illégale à une liberté fondamentale »[238]. En effet, à la lecture de la jurisprudence on constate que si ces deux conditions cumulatives sont retenues alors il y aura *urgence* de faire cesser la violation aux libertés, et par voie de conséquence *l'urgence* sera alors qualifiée par la réunion de ces deux conditions.

Ainsi pouvait-on lire sous la plume du Professeur Lombard : « Si la très grande majorité des requêtes présentées dans le cadre du référé-liberté sont finalement rejetées, ce n'est pas tant sur le terrain de l'urgence [...] mais plus prosaïquement et radicalement parce que le juge administratif des référés considère qu'il n'y a pas d'atteinte suffisamment « *grave* » ou « *manifestement illégale* » à une liberté »[239].

En effet la conjonction de l'urgence avec la double condition de l'atteinte grave et manifestement illégale, semble correspondre à la définition que fait le Conseil d'Etat de l'urgence : « lorsque la décision administrative contestée préjudicie de manière suffisamment grave et immédiate à un intérêt public, à la situation du requérant ou aux intérêts qu'il entend défendre »[240].

---

237 ESTOUP (P.), *La pratique des procédures rapides. Référés, ordonnances sur requête, procédures d'injonction, procédures à jour fixe et abrégées*, 2ème éd., Litec, 1998, p 73.

238 CASSIA (P.), « L'interprétation finaliste de l'urgence », *AJDA* 2003, p 1173.

239 LOMBARD (M.), « Eloge de la « folle du logis » : la dialectique de la théorie de la voie de fait et du référé-liberté », *op.cit.*, p.1135.

240 CE sect. 19 janvier 2001, *Confédération nationale des radios libres*, req. n°228815.

Sur *l'atteinte grave*, l'épithète « grave » semble signifier que toute atteinte illégale portée à une liberté n'entre pas dans le giron de l'article L 521-2 CJA. Ce qui amène une fois de plus le juge à opter pour une approche casuistique. Ainsi, le juge des référés a admis que la gravité était remplie pour : le refus de restituer un titre de séjour valide[241] ; ou encore l'apposition des scellés par un maire sur la porte principale d'un bâtiment[242] ; etc ...
Mais de nombreuses affaires montrent que ce critère est retenu avec parcimonie par le juge administratif des référés. Ainsi a t-il pu considérer que n'en remplissait pas le critère : une décision préfectorale fixant le pays de destination d'un ressortissant étranger qui n'avait pas été soumis au principe du contradictoire [243] ; ou encore l'atteinte à la liberté d'entreprendre lorsque la collectivité territoriale utilisait son droit de préemption sur un bien mis en vente[244].

Sur *l'atteinte manifestement illégale*, elle semble être une exigence supplémentaire : « l'illégalité invoquée qu'il s'agisse d'un acte ou d'un comportement déterminé doit relever en fait de l'évidence »[245], condition qui justifiera le délai de 48 h. Denses sont les exemples jurisprudentiels qui attestent de l'absence d'illégalité manifeste : le prononcé d'une injonction pour soumettre un litige entre le requérant et son ancien employeur[246] ; une mesure d'abattage d'un troupeau en raison de la présence d'une vache contaminée par l'encéphalite spongiforme

[241] CE ord, réf., 8 novembre 2001, *Kaigisiz*, n°239734.
[242] CE, ord, réf. 23 mars 2001, *Société Lidl*, n°231559, Lebon p 154.
[243] CE, ord, 27 mars 2001, *Ministre de l'intérieur c/ Djlalout*, req. n° 231735
[244] CE, ord, 12 novembre 2001, *Commune de Montreuil-Bellay*, *D.A.*, 2002, n°41.
[245]BACHELIER (G.), « Le référé-liberté », *op.cit.*, p. 266
[246] CE, ord, 9 février 2001, *Fauvet*, req. n°230136.

bovine [247] ; à l'encontre d'une décision préfectorale interdisant toute circulation maritime en raison de chutes de pierre[248] ; etc.

Autant d'exemples qui attestent de l'appréciation restrictive que fait le juge des conditions *d'atteinte grave* et *manifestement illégale*. Des conditions cumulatives qui justifient dans une certaine mesure *l'urgence*, où l'on a pu voir le juge des référés justifier de l'urgence par la gravité de l'atteinte : « l'urgence se déduit tant de la nature même du litige que de la durée des démarches … »[249]. Idem pour le caractère manifestement illégal : « au cas présent, l'urgence se justifiait par l'imminence de la tenue des manifestations que le maire avait autorisées dans des conditions manifestement illégales »[250].

C'est par cette approche restrictive des conditions d'octroi du référé-liberté, que le juge administratif va pouvoir interpréter largement la notion de *liberté fondamentale*, qui aura à dessein de concurrencer l'office du juge judiciaire en matière de voie de fait.

§ 2 – Le volontarisme du juge administratif à l'origine d'une concurrence avec la voie de fait :

Devant la volonté des parlementaires de ne pas supprimer la voie de fait, le texte législatif laissait-il penser que ces deux procédures étaient distinctes tant leurs champs de compétence semblait différents. Un sentiment d'imperméabilité parfaite qui fut d'ailleurs partagé par une partie de la doctrine[251].

---

[247] CE, ord, 1er juin 2000, *Ploquin*, req. n° 234321.

[248] CE, ord, 27 septembre 2001, *Gueguenia*t, req n°238473.

[249] CE, 2 février 2004, *Abdallah*, Lebon p 119.

[250] CE, ord. 25 aout 2005, *Commune de Massat*, Lebon p 386.

[251] TRUCHET (D.), *Droit administratif*, Thémis PUF droit, 5ème éd, 2013,

Seulement, en laissant au juge administratif le soin de préciser la notion de « liberté fondamentale », les parlementaires lui laissaient le champ libre pour concurrencer la notion de *liberté fondamentale* tel qu'elle était entendue par le juge judiciaire au titre de la voie de fait.
Dès son entrée en vigueur le référé-liberté a fait preuve « d'audace », notamment en caractérisant la libre administration des collectivités locales dans son arrêt *Commune de Venelles*. Cet arrêt est immédiatement devenu la figure de proue d'un contentieux qui se devait de refléter le volontarisme du nouveau juge administratif des référés. En effet, « il aurait été fort malheureux que la section du contentieux donne dès le départ l'impression de vouloir restreindre l'utilisation [de ces] outils »[252].
La notion de *liberté fondamentale* – lapidaire de surcroît – laisse libre cours au juge administratif. En effet, comment imaginer qu'en laissant le juge des référés libre de consacrer – ou non – une liberté « fondamentale » au sens de l'article L 521-2 du CJA, n'allait-il pas concurrencer le juge judiciaire dans le contentieux de la voie de fait ?

La lecture des ordonnances du Conseil d'Etat rendues en *référé*, montre la détermination qui était la sienne de protéger les droits des administrés contre les atteintes graves de l'administration. Ainsi, il a pu faire preuve de volontarisme face à cette notion des « plus délicates de celles issues de la loi du 30 juin »[253], en octroyant le qualificatif « fondamental » à de nombreuses libertés. Une telle volonté aurait pu entrer dans un poème de Paul Eluard lorsqu'il écrivait « Liberté, sur chaque main qui se

---

p 124 ; BACHELIER (G.), « Le référé-liberté », *R.F.D.A.*, 2002, p. 261.
[252] COLLIN (P.) et GUYOMAR (M.), chron. Sous CE, sect, 18 janvier 2001, *Commune de Venelles*, *AJDA* 2001, p 155.
[253] Expression empruntée à TOUVET (L.), conc. sur CE, sect. 18 janvier 2001, *Commune de Venelles*, *RFDA* 2001, p 386.

tend, j'écris ton nom ». En effet, abandonné par le législateur et se refusant d'écouter la doctrine qui l'encourageait à donner la définition d'une liberté fondamentale[254], le juge des référés entreprit une véritable « construction jurisprudentielle [qu'il ajuste] selon un certain plan »[255], en optant pour une approche casuistique.

Par diverses formules le Conseil d'Etat fait entrer la liberté alléguée par le requérant dans la catégorie « fondamentale » au sens de l'article L 521-2 CJA. Ainsi, a t-on pu constater qu'il parlait indifféremment des termes suivants : « à le caractère »[256], « présente le caractère »[257] ; « revêt le caractère »[258], « constitue »[259], « est »[260], une liberté fondamentale.

D'autres formules sont à noter telles que : « ne porte pas atteinte au principe de libre expression du suffrage ni aucune liberté fondamentale »[261], un tel aveu du Conseil d'Etat montre par raisonnement contraire, que la libre expression du suffrage est une liberté fondamentale. Par ces qualificatifs – que l'on doit entendre comme synonymes – le juge administratif a montré son activisme et son volontarisme dans la protection des libertés. Bien entendu il se devait de répondre aux attentes des

---

[254] CLAISSE (Y.) et CANO (J-A.), « Une loi peut faire le printemps ! (Premier bilan de l'application de la loi du 30 juin 2000 relative au référé devant les juridictions administratives) », *LPA* 9 avril 2001, n°70, p 11.

[255] HAURIOU (M.), note au S. 1904, III, p 4.

[256] CE, ord 31 mai 2001, *Commune d'Hyères-les-palmiers*, Lebon 253 ; CE, 29 mars 2002, *SCI Stéphaur et autres*, Lebon p 117 ; CE, 9 avril 2004, *Vast*, Lebon p 173.

[257] CE, ord 9 décembre 2003, *Aguillon et autres*, Lebon p 497 ; CE ord, 16 février 2004, *Benaissa*, Lebon p 826.

[258] CE, Ord 16 aout 2002, *Mme Feuillatey*, n°249552.

[259] CE, ord, 27 novembre 2002, *SCI Résidence du théâtre*, Lebon p 874 ; CE ord, 11 aout 2005 *Mainguenaud*, n°283462.

[260] CE, ord 19 aout 2002, *Front National et Institut de formation des élus locaux*, n°249666.

[261] CE ord, 7 février 2001, *Commune de Pointe-à-Pitre*, n°229921

justiciables en matière de protection des libertés dans le contentieux de l'urgence, et il devait faire oublier le cataclysme juridique opéré par l'arrêt *Ben Salem et Taznaret* du 12 mai 1997[262].

Ainsi ont été qualifiés de *liberté fondamentale* par le juge administratif : la liberté d'aller et venir[263] ; le droit d'asile[264] ; la libre expression du droit de suffrage[265] ; le pluralisme des courants de pensée[266] ; le droit de propriété[267] ; la liberté de réunion[268] ; …

La difficulté de ce contentieux apparaît lorsqu'une liberté fondamentale a été reconnue en tant que telle au sens du L. 521-2 CJA et au sens de la voie de fait. Tel est le cas pour les mesures d'éloignement des étrangers[269] ; de la liberté d'aller et venir[270] ; du droit de propriété[271] ou

---

262 Voir supra p 29.

263 CE, ord, 9 janvier 2001 *Deperthes*, n°228928

264 CE ord, 12 janvier 2001 *Hyacinthe*, n°229039

265 n°229921 pré-cité.

266 CE ord, 24 février 2001 Tibéri, n°230611

267 CE ord, 23 mars 2001 société Lidl, n°231559 ; CE 29 mars 2002, SCI Stephaur : rec CE 2002, p 117

268 CE ord, 19 aout 2002, *Front National et Institut de formation des élus locaux*, n°249666

269 Liberté fondamentale au sens de la voie de fait dans TC, 4 novembre 1996, *Dme Robert et Gisti* n°03035 et au sens du référé-liberté dans CE ord réf. 12 novembre 2001, *Ministre de l'Intérieur c/ Mme Farhoud*, n°239792.

270 Liberté fondamentale au sens de la voie de fait dans TC, 9 juin 1986, *Eucat*, Rec. p 301 et au sens du référé-liberté dans CE, ord, 9 janvier 2001 *Deperthes*, n°228928.

271 Liberté fondamentale au sens de la voie de fait dans TC, 15 février 2010, *Mme Tarahu*, n°10-03722 et au sens du référé-liberté dans CE 29 mars 2002, *SCI Stephaur* : rec CE 2002, p 117.

encore de la libre administration des collectivités territoriales[272].

L'intérêt de cette démonstration n'est pas de rechercher l'exclusivité, mais de montrer que le juge administratif investit peu à peu le champ de la notion de *liberté fondamentale* telle qu'entendue au sens de la voie de fait. Ainsi, le morcellement du champ de compétence judiciaire en matière de voie de fait, semble annoncer une « banalisation » d'une notion ancestrale qui a perdu son attrait pratique. D'autant plus que le Tribunal des conflits dans l'arrêt *Préfet du Val de Marne*[273] a voulu que la voie de fait s'applique aux droits et libertés des personnes publiques : en l'espèce la libre administration des collectivités locales. Par cette décision, il participe d'une *dépersonnalisation* de la voie de fait, en plaçant sur le même pied d'égalité personnes publiques et personnes privées, alors que seules ces dernières pouvaient historiquement s'en prévaloir[274]. Cette décision va dans le sens d'une banalisation de la « fonction de [...] voie de fait », et apporte la preuve que le juge administratif est devenu dans les faits aussi compétent que son homologue judiciaire dans la protection des libertés. Le chevauchement des deux procédures ainsi constaté, conduisait irrémédiablement vers une perte de sens de la justification contentieuse de la voie de fait, car dès lors plus rien n'empêchait le juge des référés-libertés – d'un

---

[272] Liberté fondamentale au sens de la voie de fait dans TC 19 novembre 2007, *Commune de Limeil-Brévannes* (rec CE 2007, p 608) et au sens du référé-liberté dans CE, 18 janvier 2001, *Commune de Venelles, M. Morbelli*, *AJDA* 2001, p 157 et chron. M. Guyomar et P. Collin.

[273] TC, 19 décembre 2007, Préfet du Val de Marne ; n°C3653 ; *AJDA* 2008, 885, note Verpeaux.

[274] GILBERT (S.), « L'immixtion du référé-liberté dans le champ de la voie de fait : vers une perte de sens de la voie de fait », *D.A.*, 2013 n°3, p. 54.

point de vue pratique – de se prononcer sur une voie de fait, tant il avait montré sa détermination à enjoindre l'administration de mettre fin à un comportement liberticide.

Comme le rappelle X. Domino et A. Bretonneau : « il est difficile d'imaginer qu'une liberté dont la méconnaissance serait susceptible d'être qualifiée de voie de fait pourrait ne pas être qualifiée de liberté fondamentale au sens de l'article L.521-2 du CJA »[275].
Dès lors le Conseil d'Etat, par son approche extensive de la notion de *liberté fondamentale*, ne se contente plus d'être « le pendant administratif à la voie de fait »[276], il est en passe de la remplacer. Présenté initialement comme deux procédures au champ d'application distinct, n'aurait-on pas conclu un peu trop précipitamment à l'incompétence du référé-liberté en matière de voie de fait ?

---

[275] BRETONNEAU (A.), DOMINO (X.), « La fée du logis ? », *A.J.D.A.*, 2013 p. 791.
[276] COLLIN (P.), GUYOMARD (M.), « Le référé-liberté : les libertés concernées et le rôle du Conseil d'Etat juge d'appel », *A.J.D.A*, 2001, p 153.

Chapitre 2 – La compétence paradoxale du juge administratif en matière de voie de fait

Fort de sa capacité à protéger efficacement les libertés au point de concurrencer le champ d'application du juge judiciaire en matière de voie de fait, le juge administratif s'est reconnu d'abord implicitement (Section 1), puis explicitement compétent en matière de voie de fait (section 2), au mépris de toute règle législative.

Section 1 – Une compétence implicite du juge administratif des référés

Le juge administratif des référés s'est reconnu compétent – de manière implicite – dans les cas de voie de fait « par manque de procédure » (**§1**), ainsi que par « manque de droit » (**§2**), pour reprendre la distinction opérée par Maurice Hauriou.

§ 1 – La compétence du juge administratif sur la voie de fait « par manque de procédure » :

Maurice Hauriou parlait – à propos de la première catégorie – de voie de fait par « manque de procédure »[277]. Ce qui correspond à l'hypothèse selon laquelle l'autorité administrative : « a procédé à l'exécution forcée, dans des condition irrégulières, d'une décision, même régulière »[278].

---

[277] HAURIOU (M.), *Précis de droit administratif et de droit public*, 12ème éd., 1933, rééd. Sirey, p 27 et suivants.

[278] A titre d'exemples de voies de fait par « manque de procédure ». TC, 25 novembre 1963, *Commune de Saint-Just-Chaleyssin*, Lebon p 793 : Sans titre, le maire fait exhumer un corps pour laisser le caveau à une autre famille. TC, 15 février 2010, *Tarahu*, n° C3722 : Sans titre, le maire fait

Le Professeur Dubreuil montre que « la loi du 30 juin fut interprétée par le juge administratif de manière fort extensive de telle sorte que, bien avant la jurisprudence *Chirongui*, il s'autorisa à intervenir dans un domaine que le législateur avait souhaité lui interdire »[279]. En effet le législateur, afin d'exclure le référé-liberté du champ de la voie de fait a cru bon de préciser : « susceptible de se rattacher à un pouvoir ». Le Tribunal des conflits poursuivit la démarche des parlementaires dans l'arrêt *Boussadar*, précisant que la voie de fait était une opération « insusceptible de se rattacher [à un pouvoir de l'administration] ».
Le législateur, surement malgré lui, ne semblait couvrir que les hypothèses de voie de fait par manque de droit : aurait-il oublié la voie de fait par *manque de procédure* ?
Nous pouvons le penser.

Aussi le juge administratif ne s'y est pas trompé en se reconnaissant compétent dans une telle hypothèse de voie de fait dans l'arrêt *Société Lidl* de mars 2001[280].
En l'espèce, le maire détenait la compétence d'apposition de scellés sur un bâtiment[281] privé par le code de l'urbanisme, tant que l'autorité judiciaire ne s'était pas prononcée[282]. Le Procureur de la république ayant classé l'affaire *sans suite*, le maire ne détenait plus ce pouvoir. En procédant malgré tout à l'apposition des scellés, il commet

---

couper des arbres sur une propriété privée pour que le directeur de la prison puisse avoir une belle vue sur le lagon.

279 DUBREUIL (Ch-A.), « La voie de fait nouvelle est arrivée », *J.C.P.A. adm et coll terr*, 14/10/2013, p 10.

280 CE ord, 23 mars 2001, *Société Lidl*, req. n°231559, Lebon p 154 ; *RDI* 2001, p 275, obs P.Soler-Couteaux ; *RGCT* 2001, p 967, chron JC Ricci ; *BJDU* 2001, p 111 obs JC Bonichot.

281 Article L 480-2 alinéa 1 du code de l'urbanisme.

282 Article L 480-2 alinéa 4 du code de l'urbanisme.

une « véritable voie de fait » par manque de procédure, pour reprendre les mots du Professeur Ricci[283].
A ce titre, selon les auteurs des *Grands arrêts* : « l'apposition des scellés par un maire sur la porte principale d'un bâtiment, afin d'assurer, en dehors des travaux de construction [...] constitue une mesure d'exécution forcée pouvant être considérée comme une voie de fait selon la jurisprudence *Société immobilière Saint-Just* »[284].

Ainsi, non explicitement consacrée dans la décision, la voie de fait est caractérisée par analogie avec la décision cardinale *Société immobilière Saint-Just* de 1902[285].

Le Conseil d'Etat se devait de préciser sa ligne jurisprudentielle et son ordonnance *Société Lidl.* Il aurait pu en avoir l'occasion en 2003 dans l'affaire *Lycée polyvalent du Taone.* En l'espèce, le Tribunal administratif de Papeete avait qualifié l'existence d'une voie de fait sans décliner sa compétence[286]. Le Conseil d'Etat évite subtilement de suivre la qualification de voie de fait opérée par le tribunal, puisqu'il refuse de considérer que l'atteinte à la liberté fondamentale était grave et manifestement illégale.

La décision *Alberigo*[287], a quant à elle fait couler beaucoup d'encre dans la doctrine, tant le parfum de « voie de fait » y était encore plus explicite que dans l'arrêt *Lidl.*

---

[283] RICCI (J.C.), « Chronique du contentieux administratif », *RGCT* 2001/18, p 967.

[284] *GAJA* n°118, § 11.

[285] LE BOT (O.), « Le juge administratif du référé-liberté compétent en matière de voie de fait », *J.C.P. A.*, 2013, n° 2048.

[286] TA, ord, 16 avril 2003, *Lycée polyvalent du Taone*, n°256002, inédit au Lebon.

[287] CE 12 mai 2010, *Alberigo*, req. n°333565 ; *JCPA* 2010, act. 413 ; *AJDA* 2010. 1057

Au cas d'espèce, le juge administratif statuant en *référé-mesures utiles* (article L.521-3 CJA) accepte d'intervenir lorsqu'un maire procède au murage d'un appartement en vue de faire exécuter un arrêté de péril. Procédant ainsi à l'exécution forcée d'une décision, en dehors des cas fixés par la jurisprudence précité *Société immobilière Saint-Just*, le maire commet une voie de fait par « manque de procédure ».
Cette décision est d'ailleurs mentionnée dans les *abstrats* du recueil Lebon par le mot-clef « voie de fait », alors qu'une fois de plus la décision de justice n'y fait pas référence[288].
Les tables du recueil Lebon mentionnent la compétence du « référé » au sens général, donc rien ne semblait pouvoir empêcher tout référé administratif d'urgence de faire cesser une voie de fait commise par l'administration[289].
A ce titre les conseillers d'Etat Xavier Domino et Aurélie Bretonneau ont conclu au fait qu'en l'espèce « même si le terme n'est pas employé par la décision elle-même, la qualification de voie de fait était difficilement contestable », allant même jusqu'à parler « d'audace jurisprudentielle » de la part du Conseil d'Etat[290].

Le juge administratif des « référés » a, semble t-il, fait tomber le mur imaginaire tracé par le législateur entre les deux procédures. L'étanchéité étant devenue perméable,

---

[288] Ainsi peut-on lire dans le résumé de la décision *Alberigo* sur le site Légifrance : « Le juge du référé, notamment saisi sur le fondement de l'article L. 521-3 du code de justice administrative, est compétent pour enjoindre à l'administration de faire cesser une voie de fait ».
[289] DELVOLVE (P.), « Référé-liberté et voie de fait », *R.F.D.A.*, 2013 p. 303.
[290] BRETONNEAU (A.), DOMINO (X.), « La fée du logis ? », *A.J.D.A.*, 2013 p. 791.

elle a perdu de sa pertinence. Jeanne de Gliniasty à propos des arrêts *Société Lidl* et *Alberigo*, en conclu que « le juge administratif a ajusté son contrôle dans le but d'une protection harmonisée des libertés fondamentales »[291]. Car au delà du terme de « voie de fait », est en jeu la protection des libertés fondamentales contre l'arbitraire administratif. Qu'y a t-il d'anormal à ce que le juge administratif des référés se reconnaisse compétent ? La compétence en cette matière du juge judiciaire est une *exception* à la séparation des autorités juridictionnelles. D'ailleurs pourquoi le référé d'urgence devrait-il être incompétent pour mettre fin à un agissement constitutif de voie de fait, alors qu'il est compétent depuis 1966 par l'arrêt *Guigon*[292] pour déclarer l'acte constitutif d'une voie de fait « nul et non avenu » par la théorie de l'inexistence de l'acte ?
A n'en pas douter, cette action administrative s'inscrit dans les vœux de Patrick Wachsman lorsqu'il énonçait : « à terme, la loi du 30 juin 2000 signifie la liquidation de la vieille théorie de la voie de fait »[293].

§ 2 – La compétence du juge administratif sur la voie de fait « par manque de droit » :

Maurice Hauriou parlait – à propos de la seconde catégorie – de voie de fait « par manque de droit »[294]. Ce qui correspond à l'hypothèse selon laquelle l'autorité

---

[291] GLINIASTY DE (J.), « De Madame B. à Monsieur B. : la voie de fait dans l'impasse », *Les Petites Affiches*, 2013, n°175, p 7.
[292] CE, ass, 13 juillet 1966, *Guigon* ; Lebon 1966, p 476.
[293] WACHSMANN (P.), (dir.), « Le nouveau juge administratif des référés. Réflexions sur la réforme opérée par la loi du 30 juin 2000 », PU de Strasbourg, 2002, *ann. de la Faculté de droit de Strasbourg, nouvelle série*, n° 5, p 107.
[294] HAURIOU (M.), *Précis de droit administratif et de droit public*, 12ème éd., 1933, rééd. Sirey, p 25 et suivants.

administrative : « a pris une décision [qui] soit elle-même manifestement insusceptible d'être rattachée à un pouvoir [lui appartenant] »[295].

L'hypothèse de la voie de fait par *manque de procédure*, avait permis au juge administratif de prouver la subtilité de son raisonnement devant le silence du législateur dans la rédaction du texte. A contrario, cette considération devait marquer l'imperméabilité des deux procédures lorsqu'un « pouvoir légal » était en jeu. Le référé-liberté pouvant être mis en œuvre pour les actions se rattachant à un pouvoir de l'administration, alors que la voie de fait demeurait dans le champ de compétence du juge judiciaire, lorsque l'acte ou l'action de l'administration était « insusceptible » de se rattacher à l'un de ses pouvoirs.
Ce mur législatif a pourtant été franchi – certes de manière implicite une fois encore – par une appréciation large d'un pouvoir « se rattachant à l'administration » par le juge administratif des référés. En effet, la jurisprudence semble traduire le fait que le juge administratif rattache chaque action de l'administration à un pouvoir légal qu'elle détient, faisant fi de la théorie de la voie de fait.

En effet, dans de nombreuses affaires rendues en ordonnance, le juge du référé-liberté se déclare compétent alors que la décision attaquée a été rendue en dehors de « toute obligation d'ordre public », donc sans base légale.
Ainsi dans l'arrêt *Marcel*[296], l'administration procède au retrait de documents d'identité sans motif d'ordre public ;

---

[295] A titre d'exemples de voies de fait par « manque de procédure ». CE, 18 novembre 1949, *Carlier*, publié au recueil Lebon, n°91864 : sans habilitation législative, l'autorité administrative procède à la saisi de clichés photographiques.
CE, 10 octobre 1969, *Muselier* ; Lebon p 432 : Préjudice causé par la prise de possession et l'enlèvement de documents qui se trouvaient au domicile du vice-amiral Muselier, peu après son décès.

l'affaire *Commune d'Hyères-les-Palmiers* [297], sanctionne un maire ayant reconnu un libre accès et stationnement sur une voie privée en dehors de tout motif d'ordre public. Dans ces deux affaires l'inexistence d'un motif d'ordre public, traduit l'absence de tout pouvoir légal, donc corrélativement la présence d'une voie de fait.

L'arrêt *Vast* de 2004 quant à lui, illustre une fois de plus la qualification de voie de fait par analogie avec la jurisprudence antérieure.

> *Considérant que le secret des correspondances et la liberté d'exercice de leurs mandats par les élus locaux ont le caractère de liberté fondamentale ; que la note du 5 novembre 2003 (...) a pour conséquence que tous les plis adressés aux intéressés sont systématiquement ouverts sans (...) l'accord préalable des destinataires (...) cette note porte une atteinte grave et manifestement illégale [de la liberté susmentionnée] il y a urgence à mettre fin à son application »*[298].

Or, dans la jurisprudence de 1956 *Sieur Randon*[299], la voie de fait avait été retenue parce que le Maire avait simplement retardé l'acheminement de courriers municipaux.
Force est de constater que dans l'arrêt précité *Vast*, on peut aisément penser que la violation de la liberté fondamentale – celle d'ouvrir les correspondances – est

---

[296] CE, ord., 2 avr. 2001, *Ministre de l'Intérieur c/ Consorts Marcel*, req. n° 231965, *Lebon* p. 167

[297] CE, ord, 10 septembre 2003, *Commune d'Hyères-les-Palmiers*, req. n°260015.

[298] CE, 9 avril 2004, *Vast*, *JCPA* 2004, 1318, p 628.

[299] TC, 10 décembre 1956, *Sieurs Randon et autres* ; Lebon p 592, concl. Guionin.

encore plus grave et la qualification de voie de fait, indéniable.

Mais l'exemple le plus criant à ce jour, en matière de voie de fait – implicite – par *manque de droit*, demeure l'arrêt *Abdallah*[300] du 2 février 2004.
En l'espèce, la Commune de Mayotte porte atteinte au droit de propriété en invoquant un « droit de reprise » basé sur un décret de 1926 : le Conseil d'Etat rappelle qu'elles « ont été nécessairement abrogées par l'article 2 de l'ordonnance du 12 octobre 1992 ».
Dès lors la collectivité agit sans aucune base légale, puisque ledit texte sur lequel elle entend se baser, n'existe plus. A ce titre, l'administration porte une atteinte *grave* et *manifestement illégale* au droit de propriété privé, dès lors il y a *urgence* pour le juge administratif des référés de le faire cesser.

Cette décision est le pendant de la jurisprudence *Alberigo,* pour cette seconde hypothèse de voie de fait. La compréhension de la portée de cette décision doit s'analyser en deux temps :

D'abord, les faits permettent un rapprochement avec une décision de la Cour de Cassation qui avait retenu en 1992 une voie de fait[301], dans des conditions assez similaires puisque un douanier entendait agir sur un texte, alors que ce dernier n'était pas encore en vigueur. Donc corrélativement la voie de fait aurait pu être caractérisée en 2004.

Enfin, le juge administratif ne conclut pas à une voie de fait et les *abstrats* des Tables Lebon mentionnent :

---

[300] CE, 2 février 2004, *Epoux Abdallah*, req. n°260100, Lebon p 16.
[301] Cass., ch. commerciale, 25 février 1992, Bull. civ IV, n°91.

« PROPRIÉTÉ – VOIE DE FAIT – ABSENCE », ce qui doit être compris comme l'absence d'une voie de fait en l'espèce. Cependant, l'utilisation de l'article L.521-2 traduit la présence d'un pouvoir appartenant à l'administration. Or, nous venons de voir que le décret de 1926 n'existe plus, mais il a existé et le Commissaire du Gouvernement Sophie Boissard semble soutenir l'administration en justifiant dans ses conclusions : « La collectivité [...] pouvait demander le déclenchement d'une procédure d'expropriation pour cause d'utilité publique » [302] et ajoutant quelques lignes plus loin : « quand bien même [le Conseil d'Etat considérerait] que la décision litigieuse doit s'analyser comme une voie de fait »[303].

Ajoutons qu'un cas, certes très isolé, a conduit le Palais-Royal en 2003[304], a endosser le costume de protecteur de la voie de fait, en affirmant qu'il ne pouvait être fait usage du référé-liberté pour enjoindre à l'administration de faire cesser une voie de fait.

La décision *Abdallah* semble dès lors fixer la jurisprudence du Conseil d'Etat, en montrant la largesse de son appréciation dans la condition de « susceptible de se rattacher à un pouvoir » dont dispose l'administration. Dans ces conditions, attendre une déclaration d'incompétence d'un juge administratif confronté à une voie de fait, relève de la chimère.

---

302 BOISSARD (S.), « Référé-liberté et voie de fait. A propos du droit de propriété », conclusions sur
CE, 2 février 2004, *Epoux Abdallah*, *RFDA* 2004, p 775.

303 *Ibid.*, p 772.

304 CE, 16 avril 2003, req. n°256002 (cité par Simon Gilbert dans : GILBERT (S.), « L'immixtion du référé-liberté dans le champ de la voie de fait : vers une perte de sens de la voie de fait », D.A., 2013 n°3, p. 51).

Section 2 – Une compétence explicite reconnue par l'ordonnance *Commune de Chirongui*

Cette compétence « explicite » du juge administratif des référés a été « officialisée » par l'ordonnance du Conseil d'Etat : *Commune de Chirongui.* Une reconnaissance, toutefois, contraire au cantonnement législatif du référé-liberté (**§1**), qui conduit inévitablement à une difficulté de répartition des compétences inhérente à cette nouvelle concurrence juridictionnelle, pour mettre fin à une voie de fait (**§2**).

§ 1 – Une compétence reconnue en dehors de l'esprit du texte législatif :

Évolution ou Révolution jurisprudentielle ? On est en droit de se poser la question, à la lecture de la décision *Chirongui* telle qu'elle fut rédigée par les hôtes du Palais Royal :

> *« [...] Sous réserve que la condition d'urgence soit remplie, il appartient au juge administratif des référés, [...] d'enjoindre à l'administration de faire cesser une atteinte grave et manifestement illégale au droit de propriété, lequel a le caractère d'une liberté fondamentale, quand bien même cette atteinte aurait le caractère d'une voie de fait »*[305].

Cet arrêt du Conseil d'Etat semble faire échos aux propos du président Labetoulle lorsqu'il affirmait : « Ce que je souhaite, simplement, c'est qu'effectivement l'application de la loi [du 30 juin 2000] rende inutile le recours abusif à

---

[305] CE, ord. 23 janvier 2013, *Commune de Chirongui* ; req. n°365262, jurisdata n°2013-000744 ; Cons. n°6.

la théorie de la voie de fait, laquelle n'est tout de même pas en soi quelque chose de merveilleux »[306].

Ce « coup de théâtre » jurisprudentiel, s'il paraît surprenant, n'en était pas moins prévisible. Quelques années seulement après l'instauration du référé-liberté, ce dernier s'est reconnu – implicitement – compétent pour statuer sur une voie de fait, en se contentant de contourner la loi puisque sa compétence n'était pas expressément établie. Ainsi, l'ordonnance *Commune de Chirongui* semble mettre fin à une certaine forme d'hypocrisie de la part du juge administratif, car désormais il annonce explicitement sa compétence, au mépris du texte législatif qui entendait séparer strictement la voie de fait du référé-liberté. A ce titre, Madame Biagini-Girard expliquait que « le Conseil d'Etat avait comme à son habitude annoncé une révolution conceptuelle ; il a d'abord mentionné [...] de manière implicite la compétence du juge des référés [...] pour enjoindre à l'administration de faire cesser la voie de fait, puis il l'a confirmé »[307].

Cette ordonnance rendue en référé-liberté (au titre de l'article L 521-2 CJA), est un exemple jurisprudentiel tout à fait singulier puisqu'il cumule les deux types de voie de fait[308].

D'abord une voie de fait par *manque de droit*, caractérisée par la décision de ladite Commune de procéder à des travaux sur une propriété privée en dehors de toute

---

306 LABETOULLE (D.), in, « débats » (Direction P. Wachsmann), in « le nouveau juge administratif des référés », pp 88-89.

307 BIAGINI-GIRARD (S.), « La voie de fait : jeu set et match ? », *J.C.P.G.*, 2013, 1057, p 1850.

308 LE BOT (O.), « Le juge administratif du référé-liberté compétent en matière de voie de fait », *J.C.P. A.*, 2013, n° 2048, p 2.

habilitation légale et sans l'accord du propriétaire[309]. Et ensuite, une voie de fait par *manque de procédure* qui est avérée en raison de l'exécution effective de ces travaux, sur la parcelle du requérant Madame Bourhane.

Partant, cette reconnaissance explicite du juge administratif a partagé la doctrine. Certains y ont vu une compétence *contra-legem*[310] défendant la thèse selon laquelle le référé-liberté a outrepassé les strictes limites qu'entendait lui fixer le législateur afin de préserver la voie de fait ; et d'autres ont considéré que la compétence était simplement *extra-legem*[311] considérant que le juge était allé « plus loin » que la réforme. Cette reconnaissance n'est rien d'autre que la suite cohérente d'une série de précédents jurisprudentiels tels qu'*Abdallah* ou *Alberigo*[312], en prenant en compte l'ambiguïté – involontaire – des parlementaires lorsqu'ils ont entrepris la rédaction des textes relatifs aux référés administratifs d'urgence.

Seulement, si la doctrine est partagée, elle semble s'accorder sur l'équivoque de la formule suivante : « *quand bien même* cette atteinte aurait le caractère d'une voie de fait ». Cette phrase traduit le mépris du juge administratif à l'encontre de cet historique chef de compétence judiciaire.

---

309 Voir en ce sens l'étude de S. Gilbert sur l'acceptation tacite de la voie de fait ; note sous l'arrêt *Nouaille c/ ERDF*, CC cass, 3ème civ, 19 décembre 2012, n°11_21.616.

310 Voir à titre d'exemples. GILBERT (S.), « L'immixtion du référé-liberté dans le champ de la voie de fait : vers une perte de sens de la voie de fait », D.A., 2013 n°3, p. 49. ; SLAMA (S.), « Le tribunal des conflits déshabille la "folle du logis" », *R.E.V.D.H.*, 2013, p 8.

311 Voir à titre d'exemples. DELVOLVE (P.), « Référé-liberté et voie de fait », *R.F.D.A.*, 2013 p. 303 ; DUBREUIL (Ch-A.), « La voie de fait nouvelle est arrivée », *op.cit.*, p 10.

312 BRETONNEAU (A.), DOMINO (X.), « La fée du logis ? », *op.cit.*, p. 792

Il fait fi des raisons qui ont amené à octroyer ce contentieux à un autre juge que celui de l'administration, ainsi que de la théorie de l'inexistence en droit.
Il est vrai que le juge administratif est compétent pour constater l'inexistence d'un acte administratif constitutif d'une voie de fait et de le déclarer « nul et non avenu »[313]. Seulement l'inexistence est un moyen d'ordre public[314] et le juge administratif aurait dû le soulever d'office pour ensuite conclure à son incompétence pour mettre fin à la voie de fait qui semblait être dévolue au seul juge judiciaire.
En balayant cette difficulté, le juge administratif semble montrer sa volonté d'assimiler *l'atteinte grave et manifestement illégale* avec la voie de fait[315]. Ce ne serait que l'illustration jurisprudentielle selon laquelle la voie de fait aurait définitivement perdu sa « raison d'être », et par voie de conséquence : sa justification pratique.

Force est de constater que le référé-liberté, en procédant à un élargissement du champ de compétence du référé-liberté dans le pré-carré judiciaire, donne tout son sens à la thèse du Professeur Vedel qui déclarait en 1950 que la compétence de principe du juge judiciaire [celle de mettre fin à une voie de fait] « n'a jamais été complètement exclusive »[316].
Désormais, de cet élargissement du champ du référé-liberté procède une difficulté dans l'articulation des

---

313 CE, ass, 13 juillet 1966, *Guigon, précité.*

314 CE, 5 mai 1971, *Préfet de Paris et Ministre de l'Intérieur c. Syndicat chrétien de la préfecture de la Seine et de l'Assistance publique et autres* ; req. n°75655 ; Lebon p 329, cité par P. Le Mire, in « inexistence et voie de fait », RDP 1978, 1219.

315 GLINIASTY DE (J.), « De Madame B. à Monsieur B. : la voie de fait dans l'impasse », *Les Petites Affiches*, 2013, n°175, p 7.

316 VEDEL (G.), « La juridiction compétente pour prévenir, faire cesser ou réparer la voie de fait administrative », *J.C.P. G.*, 1950, I, p 851.

compétences juridictionnelles, puisque l'ordonnance *Commune de Chirongui* traduit la concurrence des deux ordres – administratif et judiciaire – pour mettre fin à une voie de fait.

§ 2 – Les vicissitudes d'une concurrence juridictionnelle pour faire cesser une voie de fait :

Devant cette immixtion du référé-liberté dans le champ d'application de la théorie de la voie de fait, une question légitime se pose indéniablement : Que reste t-il de cette notion bicentenaire ?
Désormais le paysage juridictionnel semble désorganisé par une concurrence des ordres administratif et judiciaire, à tous les niveaux du contentieux de la voie de fait. Nous avons vu que depuis l'arrêt *Guigon* de 1966[317], le juge administratif du fond concurrence le juge civil du principal ainsi que le référé judiciaire, qui peuvent tous les trois constater une voie de fait. Ensuite, la jurisprudence consécutive à la loi du 30 juin 2000 ayant permis de déceler des cas où le juge administratif des référés s'est implicitement reconnu compétent pour faire cesser des voies de fait, participe de l'illisibilité de ce contentieux, puisque corrélativement le juge qui met fin, constate préalablement l'inexistence de l'acte constitutif de voie de fait. L'incompréhension a évolué une nouvelle fois, avec l'ordonnance *Commune de Chirongui*, puisqu'on est en droit de se demander si la compétence reconnue au référé-liberté traduit implicitement la compétence du juge administratif du fond pour statuer sur une voie de fait afin d'y mettre fin.

---

[317] Voir *supra*. Partie 2 ; Titre 1 ; Chapitre 1 ; Section 1 ; § 1.

Il est peu vraisemblable que cette extension de compétence du référé-liberté, ne concerne pas le juge administratif du fond. D'abord parce que le référé-liberté demeure un juge du provisoire – qui se prononce avant le juge du fond suite à une requête motivée par l'urgence et une atteinte à une liberté fondamentale ; et ensuite parce que la loi de 1995 a investi le juge du fond, d'un pouvoir d'injonction. Dès lors, nous percevons mal ce qui pourrait l'empêcher d'utiliser une injonction à l'égard d'une action ou d'un acte constitutifs d'une voie de fait[318], puisque son ardeur n'est plus contenue par la théorie de la dénaturation, qui a été ébranlée par le juge du référé-liberté dans l'ordonnance précitée du 24 janvier 2013.

L'ordonnance *Commune de Chirongui* concerne une atteinte au droit de propriété. Mais doit-on comprendre que le référé-liberté peut mettre fin à toute liberté fondamentale constitutive de voie de fait ? Nous pouvons le penser, puisque le droit de propriété a été qualifié à plusieurs reprises de *liberté fondamentale* au sens de l'article L 521-2 du CJA[319]. Ajoutons à cette considération que la lecture attentive de la décision fait ressortir la subtilité du raisonnement du juge administratif. En effet, il ressort du considérant n°6 précité, que le juge fonde sa compétence non pas sur la voie de fait, mais sur l'article L 521-2 CJA en rappelant sa jurisprudence constante selon laquelle le droit de propriété constitue une liberté fondamentale au sens dudit article, et que les conditions de mises en œuvre son réunies – urgence, atteinte grave et manifestement illégale – pour accéder à la demande du requérant. Dès lors, le juge du référé-liberté est compétent pour faire

---

318 SLAMA (S.), « Le tribunal des conflits déshabille la "folle du logis" », *op.cit.*, p 8.

319 CE, 23 mars 2001 *société Lidl*, n°231559 ; CE, 29 mars 2002, *SCI Stephaur ;* Lebon 2002, p 117

cesser la violation aux libertés, « *quand bien même cette atteinte aurait le caractère d'une voie de fait* ».

En tout état de cause, comme le rappelle le Professeur Gilbert : « l'ordonnance fait perdre à la voie de fait un de ses attributs historiques : le caractère prédominant de la compétence judiciaire »[320]. En se reconnaissant compétent pour mettre fin à une voie de fait, certes le référé-liberté porte atteinte à la dérogation au principe de séparation des ordres de juridiction dévolue au juge judiciaire ; mais il fait un pas de plus vers les attentes des justiciables soucieux d'une justice efficace puisqu'il n'y « a plus guère de raison de refuser au juge naturel de l'administration, la connaissance des atteintes que celle-ci porte parfois aux droits et libertés »[321].
L'ordonnance précitée met fin à deux siècles de débats sur la compétence de la juridiction administrative à protéger efficacement les libertés fondamentales de l'administré.
Une faiblesse tant décriée par la doctrine, qui trouve son épilogue dans la décision *Commune de Chirongui.* Désormais, bien loin sont les propos de Maurice Hauriou lorsqu'il affirmait : « Le malheur n'est pas qu'il y ait une juridiction administrative ni qu'elle soit compétente en ces matières. Le malheur est que cette juridiction [...] soit insuffisamment outillée et que, notamment, il n'y ait pas devant elle, pour de semblables occasions, de procédure de référé »[322].

---

320 GILBERT (S.), « L'immixtion du référé-liberté dans le champ de la voie de fait : vers une perte de sens de la voie de fait », *op.cit.*, p. 53.

321 SEILLER (B.), « La voie de fait, en voie de disparition de fait ? », *R.J.E.P.*, 01/10/2013, p 7 de l'art.

322 TC, 2 décembre 1902, req. n° 0543, Lebon 722, p. 47 ; S. 1904. 3. 17, note Hauriou ; D. 1903. 3. 41.

Cette concurrence juridictionnelle, si elle brouille un peu plus la dualité de juridiction, est une preuve apportée par la justice administrative au justiciable. Puisque si l'atteinte *grave et manifestement illégale* est retenue à l'encontre d'une liberté fondamentale, alors le juge administratif sera compétent pour enjoindre à l'administration de cesser cette violation, même si le juge est en présence d'une voie de fait[323].

Dès lors le justiciable, dans son intérêt, saisira le juge administratif – puisque nouvellement compétent – pour faire cesser une voie de fait. En effet, il évitera ainsi le risque de se voir opposer une déclaration d'incompétence par le juge judiciaire au motif qu'il s'agirait d'une simple illégalité administrative ; ou encore devant l'élévation d'un conflit positif déclenché par le préfet qui aurait décelé un quelconque abus de pouvoir de la part de l'autorité judiciaire. Tant de risques pour le justiciable de voir sa requête retardée considérablement qui l'amènerait indéniablement à saisir le juge administratif, qui n'a plus à s'interroger sur sa compétence. Autant d'engouement qui ferait oublier la compétence concurrente du juge judiciaire. En effet, la compétence du juge administratif ne réduit pas la compétence du juge judiciaire mais elle la banalise, un peu comme si sa « compétence se justifiait de moins en moins »[324].

Cette décision semble avoir mis le point final sur la fin d'une justification pratique d'une voie de fait qui aurait perdu sa raison d'être. Ainsi pouvait-on lire sous la plume d'Hélène Pauliat : « Les pouvoirs du juge judiciaire s'étaient ainsi construits sur l'absence de réponse efficace

---

[323] DELVOLVE (P.), « Référé-liberté et voie de fait », *R.F.D.A.*, 2013 p. 304.

[324] Voir en ce sens l'étude de S. Gilbert sur l'acceptation tacite de la voie de fait ; note sous l'arrêt *Nouaille c/ ERDF*, CC cass, 3ème civ, 19 décembre 2012, n°11_21.616.

et adaptée que pouvait fournir le juge administratif à une certaine époque »[325].

Si cela a pu profiter au justiciable, une telle ambiguïté dans les limites de séparation des ordres juridictionnels ne pouvait perdurer. Le Tribunal des conflits est ainsi intervenu quelques mois plus tard dans la décision *Bergoend*[326], afin de délimiter strictement la voie de fait. La portée véritable de l'ordonnance *Chirongui* ne pouvait être faite que par le Tribunal des conflits qui, dans sa nouvelle décision, maintien sa vieille théorie jurisprudentielle mais redéfinit drastiquement ses contours, au point de la réduire comme « peau de chagrin », rendant ainsi hommage à l'immense ascension du juge administratif dans la protection effective des libertés fondamentales.

---

[325] PAULIAT (H.), « Le juge du référé-liberté a t-il mis fin aux jours de la folle du logis ? », *J.C.P.A.*, 2013, n°8, 2047, p 4 de l'article.

[326] TC, 17 juin 2013, *M. Bergoend c/ Société ERDF Annecy Léman*, n°C3911.

CONCLUSION PARTIE I

Avant de reposer sur une assise juridique, la théorie de la voie de fait est née de considérations pratiques. La protection des libertés et de la propriété de l'individu se devait d'être assurée par le seul « véritable juge » puisqu'indépendant, le juge judiciaire.
Le recours pour excès de pouvoir du juge administratif traduisait certes une « volonté morale » de protéger les libertés, mais celui-ci demeurait profondément insuffisant sans pouvoir apporter une réponse aussi efficace que son homologue judiciaire en matière de référé, qui demeurait seul juge à pouvoir lutter contre l'arbitraire administratif.

Le juge administratif, conscient de ses carences et de sa marginalisation, se devait de se réformer face à une individualisation toujours plus évolutive du contentieux.
Les diverses réformes de la fin du XXème siècle, si elles marquent une évolution du juge administratif dans sa quête de « l'urgence » en matière de protection des libertés, ne suffirent pas à endiguer une utilisation dévoyée de la voie de fait par le juge judiciaire. Face à cette violation intolérable du principe de séparation des ordres juridictionnels, le pouvoir exécutif décida la création de nouveaux référés administratifs par la loi du 30 juin 2000.
Seulement, le volontarisme du juge administratif, l'a conduit à outrepasser l'esprit du texte du 30 juin 2000 qui entendait le cantonner loin d'une voie de fait dévolue au juge judiciaire.
L'activisme du juge administratif l'a conduit, dans le cadre de ses nouveaux référés, à opter pour une stratégie tout à fait singulière. En retenant une appréciation stricte des conditions de mise en œuvre de la nouvelle procédure de référé, il a pu avoir une interprétation large de la notion de liberté fondamentale concurrençant, par voie de

conséquence, l'office du juge judiciaire en matière de protection des libertés.

Désormais, une concurrence parfaite existait entre les deux ordres de juridictions pour protéger efficacement les libertés fondamentales de l'administré. La doctrine s'est beaucoup penchée sur certaines affaires, dans lesquelles le juge administratif des référés s'est reconnu compétent alors que le « parfum » de voie de fait était fort.
Cette compétence n'était toutefois pas contra-legem puisque la voie de fait n'était pas caractérisée expressément, mais la révolution juridique fut opérée par le Conseil d'Etat dans l'arrêt *Commune de Chirongui* en 2013. Le juge administratif s'étant reconnu explicitement compétent pour statuer sur une voie de fait, venait de mettre un point final à la justification pratique de la théorie.

PARTIE 2 – L'ÉLABORATION D'UNE JUSTIFICATION CONSTITUTIONNELLE DE LA VOIE DE FAIT

La théorie de la voie de fait a souvent été présentée comme une notion fonctionnelle, pour reprendre les mots de Georges Vedel, qui se justifiait d'abord d'un point de vue pratique tant les fondements juridiques avancés pour justifier la théorie semblaient manquer de pertinence.

Le Tribunal des conflits en retenant la qualification d'une voie de fait, lorsqu'était en cause une atteinte à une liberté individuelle ou conduisant à l'extinction du droit de propriété, a entendu restreindre la notion, tout en lui donnant une véritable assise juridique aux fondements constitutionnels.

Ainsi, cette « requalification juridique » allait conduire à pallier les fondements théoriques initiaux de la voie de fait, en optant pour une répartition stricte des compétences et, surtout, en recentrant l'office du juge judiciaire sur son cœur de compétences constitutionnelles (**Titre 1**).

Seulement, si la voie de fait possède désormais de solides fondements juridiques, les conséquences collatérales inhérentes à sa nouvelle qualification vont bouleverser la répartition du contentieux entre les deux ordres de juridictions (**Titre 2**). En effet, un tel phénomène conduira à une unification du contentieux au profit du juge administratif, mais diminuera celui du juge judiciaire au point de se demander ce qu'il gardera d'exclusif en matière de voie de fait.

Titre 1 – La faiblesse des fondements théoriques palliée par une assise constitutionnelle

Les fondements théoriques – juridiques – de la voie de fait, ont toujours été d'une extrême faiblesse. Le Professeur Chapus affirmait à propos de ces fondements qu'ils étaient « sans rapport entre eux ». Ils souffraient de surcroît de pertinence et d'explication rationnelle de l'assisse juridique de la théorie de la voie de fait administrative (**Chapitre 1**). La nouvelle définition opérée par le Tribunal des conflits par l'arrêt *Bergoend*, fait désormais reposer la voie de fait – certes en réduisant son application contentieuse – sur de solides fondements juridiques, puisque constitutionnels (**Chapitre 2**).

Chapitre 1 – L'insuffisance des fondements théoriques originels de la voie de fait

Deux fondements théoriques ont été mis en œuvre pour justifier juridiquement la voie de fait. Seulement, les carences de la théorie de la dénaturation (Section 1), ainsi que les incertitudes entourant le rôle de gardien du droit de propriété et des libertés dévolu à l'Autorité judiciaire (Section 2), en révélaient en réalité les faiblesses.

Section 1 – L'affaiblissement de la théorie de la dénaturation

La théorie de la dénaturation de l'acte administratif est le fondement historique de la voie de fait, qui a permis de légitimer la notion d'un point de vue juridique (**§1**). Cependant, cette idée de dénaturation même si elle fut utilisée par la jurisprudence et la doctrine, n'en demeure pas moins contestable (**§2**).

§ 1 – La théorie de la dénaturation : fondement historique de la voie de fait

Ce fondement historique de la voie de fait puise sa source dans la théorie de la dénaturation de l'acte administratif[327]. En effet, l'acte constitutif de *voie de fait* est affecté d'une « dégénérescence » lui faisant perdre sa nature administrative. Ainsi, la personne publique à l'origine de cet acte dénaturé, ne pourra plus se prévaloir de son privilège de juridiction et sera assignée à comparaitre devant le juge judiciaire comme toute

[327] CHAPUS (R.), *Droit administratif général*, t.1, n°1087, 2°.

personne privée, puisque son comportement n'aura « que les apparences d'une action administrative »[328]. Pour reprendre l'expression de Léon Gambetta, la personne publique sera « mise au greffe »[329]. La gravité de son action est telle, qu'elle est insusceptible de se rattacher à l'un de ses pouvoirs. Il appartient donc à l'autorité judiciaire de connaître de l'illégalité de l'administration, réduite aux attributs d'un simple particulier.

La théorie de la dénaturation est parfois assimilée à *l'inexistence*, à l'image d'Edouard Laferrière qui écrivait en 1896 : « il y a [des] cas où l'administration sortirait [...] des attributions même de l'autorité administrative. [...] Cette décision ne serait pas seulement susceptible d'annulation, elle serait inexistante en droit, puisqu'elle serait étrangère, par son objet, à l'exercice de la fonction administrative »[330]. Même si la réponse ne peut être apportée dans le cadre de ce développement, une critique peut être émise à l'encontre de l'ancien vice président du Conseil d'Etat. En effet, n'importe quel juge – y compris le juge administratif – est compétent pour constater une acte constitutif de voie de fait, afin de le déclarer *nul et non avenu*, puisque cet acte est inexistant[331].
Mais, la question de savoir si la dénaturation doit être assimilée à l'inexistence importe peu, d'autant plus que si la voie de fait peut constituer un cas d'inexistence, tous les

---

[328] ABRAHAM (R.), « L'avenir de la voie de fait et le référé administratif », *L'Etat de droit*, mélanges en l'honneur de Guy Braibant, Dalloz 1996, p 5.
[329] SLAMA (S.), « Le tribunal des conflits déshabille la "folle du logis" », *R.E.V.D.H.*, 2013, p 8.
[330] LAFERRIERE (E.), *Traité de la juridiction administrative et des recours contentieux*, Berger-Levrault, 2ème éd., t.1, 1896, p 478.
[331] TC, 27 juin 1966, *Guigon*, Lebon p 476 ; confirmé notamment par CE, 6 avril 2001, *Djerrar*, Lebon p 991.

actes inexistants ne sont pas des voies de fait[332], et au demeurant l'inexistence en elle-même n'a pas de lien avec l'atteinte à une liberté fondamentale. Dès lors on pourrait considérer qu'un acte dénaturé est une forme d'acte inexistant, dans le cadre d'une atteinte à une liberté fondamentale.
Ce débat est singulièrement résumé par Jean Goutagny, expliquant qu'« une incertitude règne constamment et cela vient de ce que la question est mal posée. Il ne s'agit pas, en effet, de savoir si un acte existe ou non [...] juridiquement l'acte a peut-être était inexistant, mais ceci importe peu, ce qui est primordial, c'est de ne pas le considérer comme administratif »[333].

La voie de fait est présentée comme une exception au principe de séparation des autorités juridictionnelles issu des lois révolutionnaires des 16 et 24 août 1790, ainsi que du décret du 16 fructidor An III. Seulement, si la théorie de la dénaturation est le fondement juridique-historique de la notion, il est impossible de la qualifier « d'exception » au principe de séparation. Le Professeur Olivier Le Bot l'analyse comme un « contournement »[334] dudit principe. En effet, la compétence du juge judiciaire lorsque la dénaturation est avérée, n'est en rien basée sur le principe de dualité de juridiction puisque nous sommes en présence d'un acte qui a perdu son caractère

---

332 Voir en ce sens la classification opérée par R. Odent, in, ODENT (R.), Cours de contentieux administratif, 1980, fascicule n°3, Cours du droit, p 1610, note 1.
Cité in, BIAGINI-GIRARD (S.), L'inexistence en droit administratif, Contribution à l'étude de la fonction des nullités, l'Harmattan 2010, Thèse Aix-Marseille 2007, p 255.
333 GOUTAGNY (J.), *La théorie des voies de fait*, Thèse Lyon, p 50-51.
334 LE BOT (O.), « Maintenir la voie de fait ou la supprimer ? Considération juridique et opportunité », *Revue des droits et libertés fondamentaux (R.D.L.F.)*, 2012, chron n°24, p 2 de l'article.

administratif, et qui n'est plus du ressort de la juridiction administrative. Par voie de conséquence, les auteurs qui placent la théorie de la dénaturation en tant que premier fondement théorique de la voie de fait, réfutent l'argument selon lequel la voie de fait est une « exception » au principe de la dualité de juridiction[335].

Le Doyen Vedel défendait la thèse selon laquelle, la théorie de la dénaturation demeurait simplement la sanction de l'autorité administrative[336]. En effet, devant la gravité de l'atteinte portée aux libertés fondamentales, le juge judiciaire intervenait au nom de la voie de fait, dans le but de faire perdre à l'autorité administrative son privilège de juridiction. Par voie de conséquence, la « sanction » permettait de justifier ce transfert de compétence du juge administratif vers le juge judiciaire. Une critique peut cependant être faite à l'encontre du Professeur Chapus. Car sa position doctrinale conduit à appréhender la voie de fait seulement d'un point de vue répressif, puisque de sanction. Et si l'argument avait autorité au XIXème siècle, la juridiction administrative a aisément prouvé sa capacité à protéger efficacement les libertés de l'administré, et le procès qui pouvait lui être fait selon lequel elle manquait d'impartialité n'est plus pertinent aujourd'hui.

C'est le Professeur Desgranges[337] qui a défendu la thèse selon laquelle la « dénaturation de l'acte » était le

---

335 GUILLON-COUDRAY (S.), *La voie de fait administrative et le juge judiciaire*, thèse Paris II, 2002, p 182.

336 VEDEL (G.), « La juridiction compétente pour prévenir, faire cesser ou réparer la voie de fait administrative », *J.C.P. G.*, 1950, I, p 851.

337 DESGRANGES (E.), *Essai sur la notion de voie de fait en droit administratif français*, Société française d'imprimerie et de librairie, 1937. La vision du professeur Desgranges est expliquée par le professeur Poisson.

fondement historique de la notion de voie de fait. Au demeurant cette thèse est basée sur la jurisprudence relative à l'application de l'article 75 de la Constitution de l'An VIII[338]. En effet, il ressort de cette jurisprudence que les tribunaux refusaient la protection dudit article aux actions des agents de l'Etat, lorsqu'elles avaient perdu leur caractère administratif. Le Professeur Poisson soulignait : « si l'acte n'a aucun lien avec l'administration, il ne peut pas prétendre à la nature administrative »[339].

La jurisprudence fondant la compétence du juge judiciaire sur la seule théorie de la dénaturation – et non pas sur l'autorité judiciaire gardienne des libertés et de la propriété privée – est ancienne, et nous pouvons en citer quelques exemples.

Cour de cassation, 2 août 1836, *Lasserre* :

> *« Attendu que L … n'a pu être protégé par l'article 75 de la Constitution de l'An VIII parce qu'il ne s'agissait pas d'un acte qui rentrait dans les attributions du maire mais d'une voie de fait »*[340].

---

[338] Article 75 de la Constitution du 22 frimaire an VIII : « Les agents du gouvernement, autres que les ministres ne peuvent être poursuivis pour des faits relatifs à leurs fonctions, qu'en vertu d'une décision du Conseil d'Etat, en ce cas, la poursuite a lieu devant les tribunaux ordinaires ».
Cet article fut abrogé par le gouvernement de la Défense nationale le 19 septembre 1870.
[339] POISSON (JM.), *Les droits de l'homme et les libertés fondamentales à l'épreuve de la dualité de juridiction*, collection l'Harmattan, logiques juridiques, 2003, p 147.
[340] Cass, req. 2 aout 1836, *Lasserre*.

Cour de cassation, Ch. crim, 16 avril 1836, *Guy-Martin dit « Larivière »* :

> *« […] le pouvoir judiciaire ne peut troubler les opérations de l'autorité administrative, ni connaître de ses actes […] mais que les actes qu'il [l'entrepreneur] se permet sur la propriété d'autrui, hors des termes de son contrat et sans aucune autorisation expresse de l'administration […] sont des attributions des juges ordinaires, puisqu'ils peuvent être appréciés […] sans porter atteinte à aucun acte administratif »*[341].

La jurisprudence judiciaire de la moitié du XXème siècle est particulièrement intéressante. Dans sa thèse, Guillon-Coudray montre la subtilité du raisonnement de la Cour de cassation à l'égard du raisonnement des juges du fond[342]. En effet, les juges du fond – du premier et du second degré – ont une appréciation et un pouvoir souverain, notamment s'ils estiment que nous sommes en présence d'une voie de fait, et qu'ils sont compétents au motif de la dénaturation de l'acte administratif. La Cour de cassation qui ne peut rejuger *en fait*, pourra donc opposer une limite au pouvoir souverain des juges du fond, puisqu'il leur est interdit d'outrepasser leur droit. Par voie de conséquence, s'ils qualifient de dénaturé un acte qui est en réalité administratif, alors indirectement la Cour de cassation contrôlera la qualification des faits opérée par les juges du fond. Donc si la Cour de cassation ne peut pas juger la qualification des faits des juges du

---

[341] Cass, ch. Crim, 16 avril 1836, *Guy-Martin dit « Larivière »*, S. 1836, I, p 687.

[342] GUILLON-COUDRAY (S.), *La voie de fait administrative et le juge judiciaire*, *op.cit.*, p 183.

fond, la théorie de la dénaturation lui permet « d'exercer sa fonction disciplinaire »[343] à l'égard de ces juges.

Ce fondement historique de la voie de fait, est présent dans de nombreuses jurisprudences judiciaires de la moitié du XXème siècle[344], du Tribunal des conflits[345], ainsi que dans les conclusions des Commissaires du gouvernement[346].
Cependant, ce fondement théorique justifiant la compétence du juge judiciaire en matière de voie de fait semble, indubitablement, manquer de pertinence.

§ 2 – Les faiblesses du fondement théorique de la dénaturation :

La théorie de la dénaturation est fragile. Ronny Abraham la qualifiait d'« intéressante vue de l'esprit, qui n'est pas dépourvue d'une certaine qualité poétique, mais qui ne correspond guère à la réalité »[347].
La doctrine a été nombreuse à réfuter la théorie de la dénaturation, et la considération selon laquelle la personne publique deviendrait l'égale d'une personne privée. Ainsi le Professeur Duez se demandait : « par quel mystère l'acte qui, par hypothèse, a perdu le caractère administratif,

---

343 Expression empruntée à M. Marraud, in, MARRAUD (C.), « La notion de dénaturation en droit privé français », 1974, Grenoble, PUF.
344 A titre d'exemples. Civ., 27 février 1950, *Maire c/ Philips*, *JCP G* 1950, II, 5517, note CAVARROC ; Civ. 1ère, 13 mars 1956, Bull. civ. I, n° 132 ; Civ. 8 décembre 1958, *Testo Ferry c/ Couissin*, *AJDA* 1959, p. 224 ;
345 TC, 14 novembre 1960, *Préfet du Calvados c/ Duchène*, *AJDA* 1961, p. 158.
346 Voir en ce sens. Conclusions GUIONIN sur TC, 10 décembre 1956, *Sieurs Randon et autres c/ Sieurs Brunel et autres*, Lebon p. 596.
347 ABRAHAM (R.), « L'avenir de la voie de fait et le référé administratif », *op.cit.*, p 9.

pourrait-il engager la responsabilité de l'administration »[348]. La critique la plus emportée à l'encontre de la théorie de la dénaturation a été émise par le Professeur Eisenmann pour qui un acte émanant d'une personne publique ne pouvait pas se transformer par quelque illégalité qu'elle soit, en acte privé, expliquant que « les voies de fait sont des actes administratifs – une catégorie d'actes administratifs – soumis à un régime particulier, c'est à dire en fait différent de celui qui s'applique aux actes administratifs de même type mais ne présentant pas le même genre d'irrégularités »[349].

La principale critique opérée par la doctrine est la suivante : Comment pourrait-on admettre que des actes qui engagent la responsabilité de l'administration puissent ne pas être des actes administratifs ?
Une autre critique peut être proférée. En effet, à quel moment doit-on conclure à la dénaturation de l'acte. Quand passe t-on d'une *illégalité grave* à l'encontre d'une liberté fondamentale ou du droit de propriété justifiant la dénaturation, à une illégalité qui serait moins grave – donc en dessous de ce seuil imaginaire – et qui laisserait à l'acte son caractère administratif ? En tout état de cause c'est une approche purement subjective de la part du juge qui peut donner lieu à des qualifications différentes.

En effet, nous avons vu que certains professeurs, à l'image du Doyen Vedel et de Desgranges étaient en désaccord sur la place que devait prendre la théorie de la dénaturation dans la justification théorique de la voie de fait administrative. D'autres auteurs à l'image de Patrick Weil réfutent la dénaturation dans son ensemble,

---

[348] DUEZ (P.), *La responsabilité de la Puissance Publique en dehors du contrat*, 2ème éd., Librairie Dalloz, Thèse, 1938, p 146.
[349] EISENMANN (Ch.), Préface de M. DEBARY, in, *La voie de fait en droit administratif*, LGDJ, 1960, p III.

observant : « Que signifie cette espèce de pénalisation de l'acte administratif qui, lorsqu'il est gravement illégal, est abandonné aux tribunaux judiciaire ? Et une fois dénaturé que devient l'acte en cause ? »[350].
Au demeurant, aucune jurisprudence n'a qualifié un acte constitutif de voie de fait autre qu'administratif. La difficulté de la théorie de la dénaturation réside dans la contradiction suivante : comment un acte pris par une personne publique peut ne pas être administratif ? et par raisonnement inverse, comment peut-on engager la responsabilité de l'administration pour un acte qui – par application de cette théorie – n'est plus administratif ?
Charles Eisenmann considère en effet « qu'en vérité [l'acte] est étatique de genre, et non privé, et administratif d'espèce, puisqu'il n'est ni législatif, ni juridictionnel, ni judiciaire, ni quoi que ce soit d'autre »[351].

Ensuite, une autre critique peut être émise puisque l'autorité judiciaire ne qualifie pas toute *voie de fait* au regard de la théorie de la dénaturation[352]. C'est seulement parcellaire et purement casuistique. Le fait de ne pas qualifier toute voie de fait d'action « dénaturée », ébrèche un peu plus ce fondement théorique.

La Cour de cassation et les juges du fond ont, à de multiples reprises, fondé leur compétence sur l'unique régime de la dénaturation, en occultant toute allusion au principe selon lequel l'autorité judiciaire est gardienne de la propriété privée et des libertés fondamentales :

---

350 WEIL (P.), « Emprise et voie de fait », *D.*, 1961, chron p 615.
351 EISENMANN (Ch.), Préface de M. DEBARY, in, *op.cit.*, p IV.
352 POISSON (JM.), *Les droits de l'homme et les libertés fondamentales à l'épreuve de la dualité de juridiction*, collection l'Harmattan, logiques juridiques, 2003, p 154.

« Constitue une voie de fait, acte dépouillé de toute caractère administratif »[353].

« L'administration coupable d'une voie de fait […] le caractère de son action est alors dénaturé »[354].

« L'irrégularité invoquée ne pouvait lui faire perdre son caractère administratif ni avoir pour conséquence de la faire dégénérer en voie de fait »[355].

Au demeurant, si on trouve des exemples jurisprudentiels qui fondent la compétence du juge judiciaire sur le régime de la dénaturation, cela reste rare[356]. Devant la décrépitude de ce fondement théorique, certains auteurs à l'image de Guillon-Coudray, se sont demandés si « les nombreuses critiques qui se sont élevées à l'encontre de cette idée de dénaturation, ont pu décider le juge judiciaire à renoncer à ce fondement de sa compétence »[357], et à lui préférer l'application du principe de l'autorité judiciaire gardienne des libertés fondamentales et du droit de propriété privée.
Par voie de conséquence la survie du régime de la dénaturation est contestée, non pas parce que la jurisprudence n'y fait pas référence, mais plutôt parce qu'elle n'y fait référence qu'avec parcimonie.

Allons-nous vers une disparition de fait de ce premier fondement théorique ? Le Tribunal des conflits a mis fin

---

[353] Cass, 27 février 1950, *Maire c/ Philips*, *JCP* 1950.II.5517, note Cavaroc.
[354] CA Grenoble, 10 mai 1961, *Préfet des Hautes Alpes c/ Société des Charbonnages et électricité du Sud-Est*, *JCP* 1962.II.12458, note Leclerc.
[355] Cass, Civ, 8 décembre 1958, *Testo Ferry / Couissin*, *AJDA*, 1959, p 224.
[356] GUILLON-COUDRAY (S.), *La voie de fait administrative et le juge judiciaire*, thèse Paris II, 2002, p 184.
[357] *Ibid.*, p 185.

au débat doctrinal en préservant le critère de la dénaturation de l'acte en tant qu'élément juridique de justification théorique de la voie de fait, dans sa récente jurisprudence *Bergoend* du 17 juin 2013[358].
Le Tribunal des conflits en faisant référence à : « *l'exécution forcée, dans des conditions irrégulières, d'une décision même régulière* » ou à une « décision manifestement insusceptible d'être rattachée … » préserve le régime de la dénaturation, puisque la voie de fait continue de résulter d'un acte ou d'une opération *gravement illégale*. Le Tribunal des conflits préserve la voie de fait par la préservation de la théorie de la dénaturation. A défaut, s'il avait fondé la compétence du juge judiciaire directement sur ses compétences constitutionnelles en matière d'atteinte à la liberté individuelle et au droit de propriété, le juge départiteur aurait tout simplement supprimé la voie de fait[359].
Par voie de conséquence, même après le resserrement de la voie de fait sur le noyau constitutionnel du juge judiciaire issu de l'article 66 de la Constitution, la voie de fait demeure une dénaturation de l'action administrative[360].

Section 2 – Le juge judiciaire gardien « naturel » de la propriété et des droits fondamentaux

Le second fondement juridique de la théorie de la voie de fait, tient à ce que l'Autorité judiciaire serait le gardien de la propriété et des libertés. Si ce fondement semble

[358] TC, 17 juin 2013, *M. Bergoend c/ Société ERDF Annecy Léman* ; req. C3911.
[359] FRIER (P-L.), PETIT (J.), *Droit administratif*, coll. Domat droit public ; LGDJ, 7ème éd, 2012, n°771.
[360] SEILLER (B.), « La voie de fait, en voie de disparition de fait ? », *R.J.E.P. op.cit.*, p 5.

puiser sa source dans une « tradition » juridictionnelle (**§1**), il ne résiste pas à l'analyse et l'incertitude entourant la notion de « liberté » (**§2**), participe de l'incompréhension de cette justification théorique.

§ 1 – Une compétence traditionnelle de protection des libertés :

Cette idée selon laquelle l'Autorité judiciaire serait gardienne de la propriété privée et des libertés, semble faire figure de dogme en matière de justification juridique de la théorie de la voie de fait. La jurisprudence fait référence à ce chef de compétence judiciaire, lorsqu'elle expose :

> « *[…] En cas de voie de fait de l'administration, l'autorité judiciaire, gardienne des droits de la personne humaine et protectrice du droit de propriété privée, puise dans son institution même, le principe de sa compétence* »[361].

Pour autant, une incertitude semble en révéler les faiblesses : d'où vient ce principe qui n'est garanti par aucune norme du droit positif ?
La protection de la propriété privée par l'Autorité judiciaire remonte, pour le Professeur Renoux, bien avant la Révolution française de 1789. En effet, en rapportant les propos de Claude Goyard, il expose « qu'avant même la Révolution, les Parlements protégeaient la propriété, et dans une certaine mesure la liberté individuelle » [362]. Cependant, la compétence du juge judiciaire dans la

---

[361] CA Toulouse, 27 juin 1949, *D.* 1950, p 216, note L. Rolland.
[362] RENOUX (T.), « Le Conseil constitutionnel et l'autorité judiciaire », *Economica PUAM*, 1984, p 487.

protection de la propriété privée a été mentionnée dans les textes pour la première fois en 1810. En effet, cette loi relative au régime de l'expropriation met en œuvre une séparation des pouvoirs, dont il appartiendra à l'autorité judiciaire de connaître du transfert de propriété et le contentieux de son indemnisation [363]. Quant à la jurisprudence, elle consacrera au début du XXème siècle, le principe selon lequel « *l'autorité judiciaire est gardienne par essence du droit de propriété* »[364].

La jurisprudence judiciaire a entendu faire le lien entre le droit de propriété et l'atteinte aux libertés, en incluant la seconde auprès de la première dans la jurisprudence *Demoiselle Favre* afin de montrer la volonté du juge judiciaire d'asseoir son autorité sur ces deux types d'atteintes :

> « *Si les tribunaux judiciaires sont institués pour être la sauvegarde du droit de propriété, la liberté de la personne et ses accessoires sont bien plus précieux encore* »[365].

La protection des libertés dans les mains de l'Autorité judiciaire, semble dater de l'Ancien Régime[366]. En effet, au XVIème siècle les Parlements provinciaux forts de leur indépendance face au pouvoir royal absolutiste, s'érigent peu à peu en tant que protecteur des libertés des citoyens. L'ancien conseiller à la Cour de cassation Serge Petit expliquait que : « se prévalant de leur qualité de gardiens des lois fondamentales du royaume et des principes fondamentaux de la monarchie, les Parlements se posent

---

[363] Loi du 8 mars 1810 relative au régime de l'expropriation.

[364] Cass. Civ., 28 janvier 1902, S. 1903.1.10.

[365] CA Lyon, 28 janvier 1904, *Demoiselle Favre c/ Mas*, *D.*, 1904.II.321.

[366] PETIT (S.), *La voie de fait administrative*, PUF, coll. *QSJ*, 1995, p 9.

[…] comme les gardiens des droits des sujets, aussi bien que des atteintes à leur propriété ou à leur liberté »[367].

Au cours de la période de la fin du XIXème siècle, ce principe de l'Autorité judiciaire gardienne de la propriété privée et des libertés, tire sa légitimité de ce que la justice administrative trop partiale vis à vis de l'administration, ne pouvait valablement assurer la fonction de « juge », qui fut dévolue au juge judiciaire alors seule juridiction véritablement indépendante[368]. C'est de la méfiance envers le juge administratif qu'est née une idée selon laquelle le juge judiciaire – seul « véritable juge » puisque indépendant [369] – serait le gardien des libertés fondamentales et du droit de propriété [370] . Cette compétence s'expliquait d'un point de vue pratique, étant donné que seul le juge judiciaire détenait les outils juridictionnels pour protéger efficacement les libertés et le droit de propriété. Mais d'un point de vue juridique, on perçoit mal pourquoi le juge judiciaire serait compétent en matière de liberté ou de droit de propriété privée, seulement dans les cas où l'atteinte est *gravement illégale.* Pourquoi n'est-il pas compétent lorsque l'atteinte est simplement illégale ?
Guillon-Coudray s'interrogeait en ce sens : « on voit mal pourquoi [le juge judiciaire] n'exerce ce titre de compétence qu'en présence d'un acte manifestement

[367] *Ibid.*, p 10.
[368] TIFINE (P.), « La constatation d'une voie de fait ne constitue pas un obstacle à la mise en œuvre de la procédure de référé liberté », *R.G.D. (revue générale du droit)*, 2013, p 1.
[369] DEBARY (M.), *La voie de fait en droit administratif*, Thèse LGDJ, 1960, p. 169
[370] GLINIASTY DE (J.), « De Madame B. à Monsieur B. : la voie de fait dans l'impasse », *Les Petites Affiches*, 2013, n°175.

illégal »[371] . Ce principe permet de passer outre la séparation des ordres de juridictions opérée par les lois révolutionnaires des 16 et 24 aout 1790, mais l'incertitude de cette justification juridique, conduit irrémédiablement à révéler les faiblesses de la théorie de la voie de fait, tellement ses fondements juridiques souffrent de solidité.

Pour autant, l'incertitude entourant ce fondement juridique n'a pas empêché sa consécration jurisprudentielle au début du XXème siècle[372], alors même qu'il fut tant décrié par la doctrine à l'image du Professeur Couzinet arguant en 1928, qu'il « est vraiment impossible de soutenir aujourd'hui avec quelque vraisemblance que les tribunaux judiciaires sont les gardiens naturels des droits individuels en général »[373].

Ce principe né de considérations historiques, fut remis en cause par une large part de la doctrine. Le Professeur Moreau, rejoignant les propos du Professeur Lavialle[374], parlait « d'une tradition qui remonte à la fin du XIXème siècle »[375] . Marcel Waline analysait « une coutume jurisprudentielle, qui fait de l'autorité judiciaire la protectrice naturelle du citoyen »[376] ; ou encore le Professeur L'Huillier qui n'accordait à ce principe qu'une « valeur purement coutumière, son seul fondement

---

371 GUILLON-COUDRAY (S.), *La voie de fait administrative et le juge judiciaire*, *op.cit.*, p 166.

372 Voir en ce sens. TC, 4 juin 1940, *Schneider* ; Rec. Lebon p 248.

373 COUZINET (P.), *La réparation des atteintes portées à la propriété privée immobilière par les groupements administratifs*, Thèse Paris, 1928, p 257.

374 LAVIALLE (Ch.), « Le juge administratif et l'exception de propriété », *RFDA* 2004, p 497.

375 MOREAU (J.), « Voie de fait », *Répertoire du contentieux administratif*, juin 2013, n°101.

376 WALINE (M.), *Traité de droit administratif*, Sirey, 9ème éd., 1963, p 89.

résidant dans son affirmation répétée par la jurisprudence civile »[377].
Si pour ces auteurs, ce principe demeure plus « traditionnel » que juridictionnel, il a cependant connu quelques défenseurs au sein de la doctrine qui le plaça au centre de la théorie de la voie de fait.
Ainsi pour Agathe Van Lang le principe de l'autorité judiciaire gardienne de la propriété privée et des libertés « constitue le fondement de la théorie de la voie de fait et de l'emprise immobilière irrégulière » [378] . Ou encore Claude Goyard affirmant que « les règles de systématisation doctrinales s'effectuent par rapport à une règle fondamentale du droit public français, qui lui sert de pivot : la règle de l'autorité compétente pour protéger les droits fondamentaux des citoyens », en concluant : « sans la référence à cette règle [...] la notion de voie de fait aurait été absorbée »[379].

Dès lors que des raisons pratiques et historiques ont conduit le juge judiciaire à endosser le rôle de gardien de la propriété privée et des libertés, un problème sous-jacent participe de la faiblesse de ce fondement théorique. En effet, quelles sont les libertés protégées par le juge judiciaire, qui vont servir de fondement à la voie de fait ? Ni la jurisprudence, ni la doctrine ne semblait apporter une réponse satisfaisante.

---

[377] Note L'HUILLIER sur Cass. Civ. 11 mai 1937, *Demoiselle Ducassou*, *S.* 1937.I.297.
[378] VAN LANG (A.), *Juge judiciaire et droit administratif*, coll. « Bibliothèque de droit public », t. 183, Paris, L.G.D.J., 1996, p 80.
[379] GOYARD (C.), *La compétence des tribunaux judiciaires en matières administratives*, Ed. Montchrestien, 1962, p 286.

§ 2 – L'incertitude de ce fondement théorique inhérent à la notion de « liberté » à protéger :

Le principe selon lequel l'Autorité judiciaire serait la gardienne « attitrée » du droit de propriété, et surtout des *libertés,* ne repose sur aucun texte de droit positif.
Ce fondement juridique est empreint d'incertitudes puisqu'il ne permet pas d'affirmer clairement les libertés qui sont protégées dans le cadre de la voie de fait, contre l'arbitraire administratif. Par raisonnement contraire, les libertés qui ne seraient pas protégées traduiraient une hiérarchie entre elles, seules les plus importantes mériteraient d'être protégées. Par voie de conséquence, la théorie de la voie de fait se détournerait de son objectif principal, celui de la protection des libertés puisque toutes ne seraient pas protégées par le juge.

La notion même de *liberté* a partagé la doctrine. En effet, le président Odent écrivait : « par liberté fondamentale ou essentielle il faut entendre soit la liberté corporelle et son corolaire l'inviolabilité du domicile, soit une liberté bénéficiant d'une garantie spécialement organisée … »[380]. André de Laubadère parlait lui d'une « liberté publique quelconque »[381], alors que René Chapus visait « tous les droits inhérents à la personnalité humaine »[382].
Pour d'autres auteurs, la définition se devait d'être moins laconique. Aussi, Georges Vedel parlait d'atteintes aux « droits fondamentaux de l'individu »[383], ou à l'image de

---

380 Cité par Serge Petit, in, PETIT (S.), *La voie de fait administrative*, PUF, *coll. QSJ*, 1995, p. 68.

381 DE LAUBADERE (A.), *Traité élémentaire de droit administratif*, 3ème éd., n°746.

382 CHAPUS (R.), *op cit*, p 127.

383 VEDEL (G.), *Droit administratif*, 2ème éd., p 91.

Jean Rivero attribuant à la voie de fait les atteintes à une « liberté fondamentale »[384]. La jurisprudence qui a parfois employée l'expression de « liberté essentielle »[385], s'est fixée sur la formule du Professeur Rivero – sans toutefois en donner une définition – lorsque dans l'arrêt *Dame Klein* elle mentionna qu'il n'y avait voie de fait qu'en cas d'atteinte au droit de propriété, ou à une « liberté fondamentale »[386].

Une liberté fondamentale, est une liberté qui doit être révélée par le juge qui, par voie de conséquence, en exigera la protection. Ainsi, qualifiait t-il de voie de fait, l'évacuation forcée par la police de l'animateur d'un spectacle sur l'esplanade du centre Beaubourg, en caractérisant une atteinte aux *libertés fondamentales* d'expression et de circulation[387].
Seulement, s'il appartient au juge de qualifier une liberté de « fondamentale », pour ainsi la protéger dans la cadre de la voie de fait, cela peut entrainer une insécurité juridique. En effet, une telle appréciation, casuistique de surcroît, détient une certaine part de subjectivité. Aussi, l'acceptation de liberté fondamentale au sens de la voie de fait peut varier d'un juge à un autre, ou d'un ordre de juridiction à un autre.
De nombreux cas peuvent être mis en avant pour montrer que l'atteinte à la liberté en cause n'était pas qualifiée de fondamentale, et ne permettait pas d'être protégée au titre de la voie de fait. Un tel paradoxe irait à rebours de la volonté initiale de la théorie de la voie de fait : celle de protéger toute liberté violée par l'arbitraire administratif.

---

384 RIVERO (J.), *Droit administratif*, 2ème éd., n°173, p 154.
385 TC, 10 décembre 1956, *Randon*, p 952, *RDP* 1957, p 883, note Waline.
386 CE, Sect., 8 avril 1961, *Dame Klein*, n° 46746, rec. p. 216.
387 TGI Paris, 28 janvier 1982, *John Guez c/ Préfet de police de Paris* ; *D.*, 1982 (non publié).

Or, par ce raisonnement, nombre de libertés demeurent en marge d'une protection juridictionnelle.

En ce sens, n'ont pas été qualifiés de « liberté fondamentale », donc non défendus au titre de la voie de fait : le report de l'élection d'un Conseil d'administration [388] ; une française n'ayant pas obtenu l'autorisation de séjour en Algérie et un algérien se voyant refuser un visa pour la France[389] ; un article diffusé dans la presse par un maire sur l'activité d'une entreprise privée en raison d'un caractère économique et social[390] ; le droit à la qualité de la vie[391] ou encore le refus de restituer un permis de chasse[392].

Force est d'admettre, que le champ d'application de la théorie de la voie de fait ne concerne que l'atteinte à une liberté fondamentale. Cette appréciation est plus large que la simple notion de *liberté individuelle*, pour laquelle le juge judiciaire est constitutionnellement compétent en vertu de l'article 66 de la Constitution[393], et de l'article 136 du code de procédure pénale[394]. Même en définissant la liberté individuelle dans toutes ses composantes[395], c'est-à-dire la sûreté, les libertés de l'individu telles que l'inviolabilité du

---

388 TGI Paris référé, 26 octobre 1992, *Union des Syndicats catégoriels de la police c/ Préfet de police de Paris*, (non publié).

389 CA Poitiers, Ch civ 2ème section 26 février 1992, *Gigon c/ Laso et Shallan*, *JCPA* Ed générale, n°48, p 321.

390 Cass civ, 14 mai 1992, *Lafond c/ Soc. Axmar, CD rom Lexi-laser cassation.*

391 TGI de Bourgoin, 30 mai 1975, *Jallieu* ; *RJF*, 1975, 1.51.

392 TC, 24 février 1992, *Préfet de la Gironde.*

393 Article 66 de la Constitution du 4 octobre 1958 : « Nul ne peut être arbitrairement détenu.

L'autorité judiciaire, gardienne de la liberté individuelle, assure le respect de ce principe dans les conditions prévues par la loi ».

394 Issu de la loi n°57-J426 du 31 décembre 1957 + citer l'article.

395 BIOY (X), *Droits fondamentaux et libertés publiques*, Paris Montchrestien-lextenso, éd. 2012, § 1081 et suiv.

domicile, le secret des correspondances, le droit au mariage et la liberté d'aller et venir : cela ne suffit pas à y faire entrer toutes les libertés qualifiées de *fondamentales* par le juge, au titre de la voie de fait.
Par voie de conséquence, rien – d'un point de vue normatif – ne permettait d'octroyer le rôle de gardien des libertés fondamentales au juge judiciaire.

D'ailleurs Serge Petit mentionnait dans ses conclusions que la compétence judiciaire, en matière de protection des libertés fondamentales, « ne saurait se fonder sur une prétendue réserve judiciaire de compétence tirée de l'article 66 de la Constitution »[396]. Ou encore Ronny Abraham rapportant que cette protection « ne peut se réclamer du principe constitutionnel selon lequel l'autorité judiciaire est gardienne de la liberté individuelle, dès lors que son domaine d'application s'étend très au-delà »[397]. Ce chef de compétence judiciaire, à l'exception de la liberté individuelle et du droit de propriété, ne reposait sur aucun fondement textuel et « en droit strict ne devrait donc pas exister »[398].

Quant au juge administratif, celui-ci étant devenu aussi compétent que son homologue judiciaire dans la protection des libertés publiques[399], il mérite tout autant que le juge judiciaire ce rôle de gardien des libertés fondamentales. Aussi, Jacques Moreau écrivait qu' « en

---

396 PETIT (S.), note sous TGI Evry, ord. 26 juin 2002, *GP* 2002, 1, p 1474.
397 ABRAHAM (R.), « L'avenir de la voie de fait et le référé administratif », *op.cit.*, pp. 7-8.
398 LE BOT (O.), « Maintenir la voie de fait ou la supprimer ? Considération juridique et opportunité », *Revue des droits et libertés fondamentaux (R.D.L.F.)*, 2012, chron n°24, p 4.
399 *Cf.* Titre 2 – *La procédure du référé-liberté : une disparition contentieuse de la voie de fait.*

dépit des mythes lentement édifiés au XIXème siècle [...] c'est bien la juridiction administrative qui est le défenseur attitré et le gardien naturel des libertés »[400]. Appuyant ces propos, M. Dran expliquait que « le juge administratif assure mieux [...] que le juge judiciaire la protection des droits et libertés de l'individu [...] la compétence judiciaire en matière de voie de fait n'a plus de raison d'être »[401].
La compétence du juge judiciaire en matière de protection des libertés fondamentales, au titre de la voie de fait, ne relève par conséquent que de la tradition jurisprudentielle. Mais la théorie de la voie de fait ne pouvait se satisfaire de telles approximations, dont les difficultés furent illustrées par l'arrêt *Mademoiselle Mohamed c/ Ministre de l'intérieur*[402].
La voie de fait « perturbatrice au delà de l'acceptable », pour reprendre l'expression de René Chapus, a connu ses heures de gloires. Les années 80-90 sont marquées par de nombreuses voies de fait concernant des titres de séjour d'étrangers et de reconduite à la frontière[403] ; les années de l'immédiat après guerre furent marquées par un très grand nombre de réquisitions immobilières [404] . Autant d'exemples qui conduisirent le Professeur Chapus à parler

---

[400] MOREAU (J.), note sous CE 1er décembre 1965, *Sieur Rodes* ; *AJDA* 1996, p 380.
[401] TSIKLITIRAS (S.), *La protection effective des libertés publiques par le juge judiciaire en droit français*, thèse, Paris, *L.G.D.J.*, 1991, p 79.
[402] TC, 19 novembre 2001, *Préfet de police de Paris c/ TGI Paris, Mlle Mohamed c/ Ministre de l'intérieur*, Req n°3272, *AJDA* 2002.
Dans cet arrêt la voie de fait est caractérisée parce que l'administration (qui détient initialement le pouvoir de vérification des passeports), commet une voie de fait à cause d'une rétention trop longue des papiers, portant ainsi atteinte à la liberté fondamentale d'aller et venir.
[403] Voir en ce sens l'étude du professeur Normand, in, NORMAND (J.), « Le juge judiciaire, gardien non exclusif des libertés. Le cas des étrangers », RTDCiv, 1996, p 238.
[404] A titre d'exemple. TC, 17 mars 1949, *Société Hôtel du vieux Beffroi* et *Société Rivoli Sébastopol* ; rec. CE 1949, p 592 et 594.

de « notion fonctionnelle »[405] : la voie de fait ne se définirait que par l'unique but à atteindre, ce qui expliquerait son approximation dans ses fondements juridiques.

Dans l'arrêt *Bergoend*[406], le Tribunal des conflits est venu recentrer la voie de fait sur le noyau constitutionnel du juge judiciaire, à savoir « l'extinction du droit de propriété » et l'atteinte à une « liberté individuelle ». Par cette redéfinition, plus aucun chevauchement de compétence n'était possible, et la liberté protégée au titre de la voie de fait allait enfin reposer sur un fondement juridique.

---

405 VEDEL (G.), « La juridiction compétente pour prévenir, faire cesser ou réparer la voie de fait administrative », *J.C.P. G.*, 1950, I, p 851.
406 TC, 17 juin 2013, *Bergoend*, précité.

Chapitre 2 – Des fondements théoriques bénéficiant d'une assise constitutionnelle

Le Tribunal des conflits a entendu doter la voie de fait d'une nouvelle assise juridique. Désormais, elle ne peut être retenue que si l'administration, tout en procédant d'un acte insusceptible de se rattacher à l'un de ses pouvoirs, a portée une atteinte à la liberté individuelle (Section 1), ou a conduit à éteindre le droit de propriété (Section 2).

Section 1 – La liberté individuelle : un resserrement constitutionnel de la voie de fait

L'atteinte à une « liberté fondamentale », s'est vue substituer l'atteinte à une liberté individuelle (§1). L'évolution de la jurisprudence du Conseil constitutionnel, a démontré que la liberté individuelle – au sens de l'article 66 de la Constitution – ne concernait plus que la sûreté (§2). Dès lors en cette matière, la voie de fait serait recentrée sur l'unique fait de ne pas être détenu arbitrairement.

§ 1 – La réduction de la voie de fait sur la liberté « individuelle » :

L'arrêt du Tribunal des conflits *Bergoend*, marque une diminution considérable du champ d'application de la voie de fait. Le juge départiteur ne fait plus référence à une liberté *fondamentale* mais à « la liberté individuelle »[407].

[407] *Ibid.*, cons. n°2

Désormais, ne pourra être constitutive d'une voie de fait non plus l'atteinte à une liberté fondamentale entendue au sens large, mais à la *liberté individuelle.* Au demeurant, il convient de définir ce qui aujourd'hui, au vu de la jurisprudence du Conseil constitutionnel, constitue une liberté individuelle.

Il est à noter un élément tout à fait singulier dans le visa de l'arrêt *Bergoend* précité. En effet, il est mentionné :

> « Vu la Constitution, notamment son Préambule et son article 66 ».

Ainsi, le Tribunal des conflits entend recentrer la notion de voie de fait sur la compétence constitutionnelle du juge judiciaire en matière de liberté individuelle, au sens de l'article 66 de la Constitution du 4 octobre 1958. En effet, rares sont les libertés à figurer dans le texte de la Constitution *stricto-sensu.* La liberté individuelle a quant à elle reçu une valeur constitutionnelle, lorsque le Conseil a entendu l'ériger en tant que *Principe fondamental reconnu par les lois de la République*[408].

La difficulté de définir la notion de « liberté individuelle » tient au fait que le Conseil constitutionnel a développé depuis près de cinquante ans une approche extensive de la notion en faisant de la liberté individuelle le « réceptacle » de bon nombre de libertés individuelles entendues au sens large[409].
Une telle approche peut se retrouver dans une décision de 1983, lorsque le Conseil parlait de « La liberté individuelle

---

[408] Cons. const., 12 janvier 1977, n°76-75 DC, « Fouille de véhicules », cons. 1.
[409] DUBREUIL (Ch-A.), « La voie de fait nouvelle est arrivée », *J.C.P.A. adm et coll terr*, 14/10/2013, p 17.

sous tous ses aspects »[410]. Par ce procédé, le Conseil entendait « assurer une protection constitutionnelle à des libertés individuelles qui risquaient [...] de demeurer au rang de libertés publiques »[411]. Ainsi furent placées sous la protection constitutionnelle du juge judiciaire au titre de l'article 66 précité : la sûreté [412] ; l'inviolabilité du domicile[413] ; la liberté d'aller et venir[414] ; la liberté de mariage[415] ; le respect de la vie privée[416].

Mais cette extension de la notion de liberté individuelle entretenait une certaine confusion dans la répartition des ordres de juridiction. En effet, plusieurs questions légitimes pouvaient se poser. Car en plaçant autant de libertés dans la sphère de l'article 66 de la Constitution, le Conseil constitutionnel augmentait la compétence du juge judiciaire, puisque celle-ci était constitutionnellement garantie. En effet, « plus nombreuses étaient les libertés individuelles successivement agrégées à l'article 66 de la Constitution, plus étendue pouvait être la compétence de l'autorité judiciaire [...] ce qui ne pouvait pas manquer de

---

[410] Cons. const., 29 décembre 1983, n°83-164 DC ; rec. Cons. p 67.

[411] FAVOREU (L.), GAIA (P.), GHEVONTIAN (R.), MELIN-SOUCRAMANIEN (F.), PENA (A.), PFERSMANN (O.), PINI (J.), ROUX (A.), SCOFFONI (G.), TREMEAU (J.), *Droit des libertés fondamentales*, précis Dalloz, 6ème édition, 2012, p 175.

[412] Cons. const., 9 janvier 1980, n°79-109 DC, Loi « Bonnet », cons. 4.

[413] Cons. const., 29 décembre 1983, n°83-164 DC, « Recherche des infractions fiscales », cons 27 ; Cons. const., 16 juillet 1996, n°96-377 DC, « Loi tendant à renforcer la répression du terrorisme ».

[414] Cons. const., 25 février 1992, n°92-307 DC, « Zones de transit », cons. 13.

[415] Cons. const., 13 aout 1993, n°93-325 DC, « Maitrise de l'immigration », cons. 3.

[416] Cons. const., 18 janvier 1995, n°94-352 DC, « Loi d'orientation et de programmation relative à la sécurité », cons. 3.

heurter de plein fouet le principe antagoniste de séparation des autorités … »[417].
De plus, pourquoi le juge administratif ne pourrait-il pas, par exemple, être compétent en matière de liberté d'aller et venir s'il en a les moyens de protection efficace ? Pourquoi vouloir absolument rattacher la liberté de se marier, à l'article 66 dont l'essence demeure la sûreté ?

Par souci de pragmatisme juridictionnel, le Conseil constitutionnel a fait machine arrière, en réduisant la notion de liberté individuelle. En effet, la fin des années 90 est marquée par une prise de conscience du juge constitutionnel de son recours « déraisonné » à l'article 66 de la Constitution. Il a admis que ledit article n'était pas l'unique moyen d'apporter une protection constitutionnelle à des libertés publiques.
Aussi, le début du XXIème siècle est marqué par un processus d'émancipation des libertés qui constituait jusqu'ici les libertés individuelles entendues au sens de l'article 66 de la Constitution. Le Conseil constitutionnel a ainsi trouvé un autre fondement constitutionnel à ces libertés qu'il entendait garder jusqu'alors dans le giron de la protection judiciaire. Désormais, la plupart de ces « anciennes » libertés rattachées à l'article 66, demeureront rattachées à la Déclaration des droits de l'Homme et du citoyen de 1789[418].

Ces différentes libertés se sont « autonomisées ou ont été rattachées à la liberté personnelle par déduction des articles 2 et 4 de la DDHC »[419], et n'appellent plus à une

---

417 FAVOREU (L.), …, *op cit*, p 176.
418 La DDHC fait partie du bloc de constitutionnalité, et a donc une plein valeur constitutionnelle depuis la décision « Liberté d'association » du 16 juillet 1971.
419 SLAMA (S.), « Le tribunal des conflits déshabille la "folle du logis" »,

compétence exclusive du juge judiciaire. Désormais le juge administratif peut lui aussi protéger ces libertés, malgré le fait qu'elles soient constitutionnellement garanties.

Ainsi, par exemple ont été rattachées aux articles 2 et 4 de la DDHC : la liberté d'aller et venir[420] ; la vie privée[421] ou encore la liberté de mariage[422].

Ajoutons à cela, que ces libertés peuvent également se retrouver dans une nouvelle typologie que l'on appelle « liberté personnelle ». Apparu dans les années 80[423], elle regroupe aujourd'hui les anciennes libertés individuelles de l'article 66. Par voie de conséquence, y ont été insérées : la liberté d'aller et venir ainsi que le droit au respect de la vie privée[424] et la liberté de mariage[425]. S'appuyant sur la DDHC[426], la notion de liberté personnelle permet la protection par les deux ordres de juridiction, de l'ensemble des libertés publiques constitutionnalisées, en dehors du giron de l'article 66 de la Constitution.

R.E.V.D.H., 2013, p 11.

[420] Cons. const., 13 mars 2003, n°2003-467 DC, « Loi sur la sécurité intérieure », cons. 6.

[421] Cons. const., 23 juillet 1999, n°99-416 DC, « Loi portant création d'une couverture maladie universelle », cons. 45.

[422] Cons. const., 20 novembre 2003, n°2003-484 DC, Loi « Sarkozy I », cons. 94.

[423] La liberté personnelle est apparue dans les années 80, en investissant en premier lieu le droit du travail.
Voir en ce sens. Const. const., n°88-244 DC.

[424] La consécration de ces deux libertés en tant que « liberté personnelle » fut faite dans la même décision : Cons. const., 26 novembre 2010, n° 2010-71 QPC, « Mlle Danièle S., Hospitalisation sans consentement », cons. 16.

[425] Cons. const., 20 novembre 2003, n°2003-484 DC, « Loi relative à la maitrise de l'immigration, au séjour des étrangers en France et à la nationalité », cons. 35.

[426] La liberté personnelle tire son fondement de dispositions constitutionnelles issus des articles 2 et 4 DDHC. Voir en ce sens. Cons. const. n°2003-484 DC précitée.

Par ailleurs, cette « émancipation formelle » a été consacrée par le Conseil constitutionnel dans un considérant de principe :

> « *[Au nombre] des libertés constitutionnellement garanties [...] figurent la liberté d'aller et venir, l'inviolabilité du domicile privé, le secret des correspondances et le respect de la vie privée, protégées par les articles 2 et 4 de la Déclaration de 1789, ainsi que la liberté individuelle, que l'article 66 de la Constitution place sous la surveillance de l'autorité judiciaire* »[427].

Force est de constater que la liberté individuelle se scinde en deux composantes. D'abord la liberté que l'Homme par essence possède dans son individualité, qui est celle issue de la DDHC constituant la « transposition juridique du concept politique et philosophique de la liberté »[428]. Et ensuite la liberté individuelle entendue strictement, c'est à dire au sens de l'article 66 de la Constitution, à savoir la « sûreté ». Ainsi, pour reprendre les mots du Professeur Delvolvé : « liberté individuelle et sureté sont synonymes ». Par voie de conséquence – sans entrer pour l'instant dans le droit de propriété – la voie de fait ne concernerait plus que la sûreté[429], c'est à dire la disposition de soi[430].

---

[427] Cons. const., 2 mars 2004, n°2004-492 DC, « Loi portant adaptation de la justice aux évolutions de la criminalité », cons. 4.

[428] FAVOREU (L.), ..., *op. cit.*, p 179.

[429] Pour une illustration récente voir. Cons. const., 8 juin 2012, n°2012-253 QPC, « M. Mickael D., Ivresse publique », cons. 4.

[430] DELVOLVE (P.), « Sécurité et sûreté », *RFDA* 2011, p 1085.

§ 2 – La portée contentieuse de la sûreté personnelle sur la notion de voie de fait :

La reconnaissance *contra-legem* du Conseil d'Etat en matière de voie de fait par l'arrêt *Commune de Chirongui*, a conduit le Tribunal des conflits à recentrer l'objet de la voie de fait, sur le noyau constitutionnel du juge judiciaire, à savoir l'article 66 de la Constitution.
Et ce, afin d'éviter tout chevauchement de compétence qui ne pouvait que nuire à la séparation des ordres de juridiction, ainsi qu'à une lisibilité de la justice dont pâtissait indéniablement le justiciable.
Désormais, au vu de la jurisprudence du Conseil constitutionnel, la liberté individuelle entendue au sens dudit article ne concernerait plus que la sûreté personnelle.

Cette conception stricte de la liberté individuelle se rapproche de *l'habeas corpus* britannique [431] , que le Professeur Waline voulait intégrer dans le préambule de la Constitution du 4 octobre 1958, mais qui fut finalement ancré par la volonté de Michel Debré, dans le titre VIII à l'article 66[432].
Le sens strict de liberté individuelle, recentré sur la notion de sûreté, tend à se rapprocher de nombreux pays

---

[431] L'habeas corpus est voté par le Parlement anglais le 27 mai 1679. Cette ordonnance vise à garantir des libertés fondamentales, en particulier le droit pour tout individu de ne pas être emprisonné sans avoir été jugé, mais aussi le droit de savoir pourquoi il est arrêté. Cette liberté est toujours en vigueur aujourd'hui.

[432] MASTOR (W.), « HABEAS CORPUS ACT », *Encyclopædia Universalis* [en ligne], consulté le 25 mai 2014. URL : http://www.universalis.fr/encyclopedie/habeas-corpus-act/

européens[433], et permet une concordance avec l'article 5 de la Convention européenne des droits de l'Homme[434].

Pour autant, la notion de liberté individuelle a partagé la doctrine, donnant lieu à des interprétations diverses ces dernières décennies. Certains auteurs ont, depuis les années 90, mentionné leur désaccord face à l'appréciation large que pouvait faire le Conseil constitutionnel de la notion de liberté individuelle. En effet, ces auteurs défendaient l'idée selon laquelle la notion de liberté individuelle au titre de l'art 66, ne devait concerner que la notion de sûreté.
Le Professeur Fines explique qu' « on doit en déduire l'interprétation restrictive du champ de la compétence judiciaire […] sauf pour ce qui a trait à la sûreté »[435]. Xavier Pretot en déduit quant à lui que la position du Conseil, entend ramener « la portée des dispositions de l'article 66 à la seule protection contre la détention arbitraire »[436].
Il n'est pas certain que l'analyse que font Xavier Domino et Aurélie Bretonneau soit exacte, lorsqu'à l'issue de la jurisprudence *Bergoend*, ils affirment que « le Tribunal des conflits sera nécessairement conduit à suivre la jurisprudence du Conseil constitutionnel, lequel […] a développé une conception autonome et plus limité de cette notion au sens de l'article 66 de la Constitution […]

---

433 A titre d'exemple, la Loi fondamentale allemande consacre en son article 104 : « la liberté de la personne [et] la sûreté » ; ou encore la Constitution espagnole du 27 décembre 1978 qui évoque en son article 17 : « Toute personne a droit à la liberté et à la sûreté ».

434 Article 5 alinéa 1er de la CEDH : « Toute personne a droit à la liberté et à la sûreté. Nul ne peut être privé de sa liberté ».

435 FINES (F.), « L'autorité judiciaire, gardienne de la liberté individuelle dans la jurisprudence constitutionnelle », *RFDA* 1994, p 599.

436 PRETOT (X.), note sur la décision du Conseil constitutionnel du 28 juillet 1989, n°89-261 DC, *D.* 1990.165.

en la centrant sur la sûreté, la liberté d'aller et venir et le respect de la vie privée ».
Au demeurant, si Mathias Guyomard et Pierre Collin pouvaient affirmer en 2000 que la liberté individuelle de l'article 66 « ne paraît plus viser désormais que la sûreté, la liberté d'aller et venir et le respect de la vie privée »[437], leur analyse treize ans plus tard a changé.
En effet, commentant ledit arrêt *Bergoend* ils mentionnent désormais qu' « Après avoir adopté une conception large de cette notion, le Conseil constitutionnel a en effet choisi de définir la liberté individuelle au sens de l'article 66 de la Constitution comme ne visant que la sûreté et non plus la liberté d'aller et venir ou le respect de la vie privée. Ce critère qui conditionne la compétence du juge judiciaire renvoie donc à la jurisprudence du Conseil constitutionnel »[438].
Par voie de conséquence, la notion de voie de fait se trouve drastiquement réduite dans son application contentieuse. En réduisant la théorie à la sûreté, des pans entiers de cet historique création du Tribunal des conflits échappe désormais à la compétence du juge judiciaire.

Aussi, les grands arrêts qui ont fait la théorie de la voie de fait, n'en seraient plus constitutifs aujourd'hui, à l'image de la saisie de journaux avec *Action française*[439] ; de plaques photographiques par l'arrêt *Carlier*[440], ou encore la saisie de documents personnels de l'illustre jurisprudence *Consorts Muselier*[441].

---

437 COLLIN (P.), GUYOMAR (M.), « La loi du 30 juin 2000 n'a pas de conséquence sur la jurisprudence sur la voie de fait », *AJDA* 2001 p. 143.
438 COLLIN (P.), GUYOMAR (M.), chron. in *Gaz. Pal.*, 25 juillet 2013, n°206, p 14.
439 TC, 8 avril 1935, *Action française*, précité.
440 CE ass, 18 novembre 1949, *Carlier*, précité.
441 CE sect., 10 octobre 1969, *Consorts Muselier*, précité.

N'en feraient également plus partie l'atteinte à l'inviolabilité du domicile[442] ; la violation du respect des sépultures[443] ; l'atteinte à la liberté d'aller et venir[444] ainsi que la rétention trop longue des passeports[445] ou encore la libre administration des collectivités territoriales[446], etc. Force est de constater que toute atteinte à une liberté fondamentale – qui jadis aurait pu constituer une voie de fait – est aujourd'hui de la compétence du juge administratif des référés qui pourra la constater, mais également la faire cesser[447].

Au demeurant, la compétence du juge judiciaire en matière de liberté individuelle entendue au sens de « sûreté », pourrait une fois de plus être amoindrie. Non pas cette fois par les textes (puisque sa compétence en matière de sûreté est garantie par la Constitution), mais *de facto* par la saisine juridictionnelle des justiciables. En effet, le juge administratif des référés s'est reconnu compétent en matière de sûreté dans l'arrêt *Commune de Mandelieu-Napoule*[448], ce qui en faisait la 9ème liberté fondamentale protégée par le juge des référés administratif dans le cadre de la procédure du référé-liberté[449].

---

442 TC, 25 novembre 1963, *Epoux Pelé c/ Maire de Pré-en-Pail* ; rec. Lebon p 795.

443 TC, 25 novembre 1963, *Commune de Saint-Just-Chaleyssin et Rey c/ Epoux Thomas* ; rec. Lebon p 793.

444 Cass, 1ère civ., 23 mars 1971, *D.* 1971, somm. 159.

445 TC, 19 novembre 2001, *Mlle Mohamed*, Bull. civ, n°22, *D.* 2002.1446.

446 Cass. 1ère civ., 28 novembre 2006, n°04-19.134, *Commune de Saint-Maur-des-Fossés*, précité.

447 DUBREUIL (Ch-A.), « La voie de fait nouvelle est arrivée », *op.cit.*, p 17.

448 CE, réf., 20 juillet 2001, *Commune de Mandelieu-Napoule*, n°236196

449 SLAMA (S.), « Droit à la vie (art. L521-2 CJA et art 2 CEDH) : Consécration du droit à la vie comme liberté fondamentale protégée par le référé-liberté en cas de danger caractérisé et de péril imminent », *REVDH*, 21/11/2011.

Section 2 – L'extinction du droit de propriété : le rehaussement d'un droit constitutionnel

Le Tribunal des conflits a entendu recentrer la voie de fait, en matière de droit de propriété, sur l'extinction de ce droit. Seulement, « l'extinction » qui ne se base sur aucun texte juridique, semble difficile a appréhender (**§1**), et conduira par ailleurs, a restreindre considérablement le champ d'application de la voie de fait en matière de propriété (**§2**).

§1 – La délicate appréhension de la notion « d'extinction » du droit de propriété :

Au début du XIXème siècle, la loi du 8 mars 1810 relative à l'expropriation a entendu placer l'Autorité judiciaire au cœur de la protection du droit de propriété. Léon Aucoc affirmait en 1869 que « Les tribunaux [judiciaires] ne peuvent être dépouillés du droit de garantir [...] la propriété des citoyens contre toutes les voies de fait »[450]. Cette consécration sera poursuivie un siècle plus tard, lorsque la jurisprudence judiciaire fera d'elle la « gardienne par essence du droit de propriété »[451]. Une telle considération, allait conduire à placer l'atteinte au droit de propriété – en cas de voie de fait – dans les mains du juge judiciaire.

Toute atteinte au droit de propriété ne constitue pas nécessairement une voie de fait. Encore faut-il que

---

[450] AUCOC (L.), *Conférences sur l'administration et le droit administratif*, Paris, 1869, t.1, p 446. Cité par Guillon- Coudray, in *La voie de fait administrative et le juge judiciaire*, thèse, p 179.

[451] Cass. civ., 28 janvier 1902, *Epoux Fournier c/ Ville de Lyon*, S. 1903, I, 10.

l'atteinte – ou la dépossession – soit d'une *particulière gravité* à l'encontre des droits réels que possèdent les individus sur leurs biens meubles ou immeubles[452]. Ainsi, des atteintes minimes au droit de propriété tel que la méconnaissance de l'existence d'une servitude[453] ; ou l'atteinte portée par l'administration à une servitude de passage[454], ne constituent pas une voie de fait.
Au demeurant, si la présence d'une voie de fait requiert « une atteinte grave » au droit de propriété[455], ceci participe de la difficulté à caractériser la notion dans ce domaine. A titre d'exemple, les locataires d'un immeuble[456] ou les occupants du domaine public[457], ne pourront pas invoquer une voie de fait, puisqu'ils ne détiennent pas le titre de propriété.

Seulement, le Tribunal des conflits dans l'arrêt *Bergoend* procède à un affinage de la notion, par une évolution sémantique lourde de conséquences. Aussi, la voie de fait ne peut plus être constituée par une « atteinte grave », mais désormais en cas « d'extinction du droit de propriété »[458].
Certains membres de la doctrine considèrent que « statistiquement, c'est l'inflexion qui devrait conduire à la plus considérable réduction du champ de la voie de fait »[459].

---

452 PETIT (S.), *La voie de fait administrative*, PUF, coll. QSJ, 1995, p 86.
453 Cass. civ., 12 juin 1990, *Soc. Centrale Jemmappes*, Bull. civ, I, n°168, Lexilaser cassation.
454 TC, 14 novembre 1938, *Baudean*, Rec. Lebon, p 1011, concl. M. Josse.
455 Voir à titre d'exemple. TC, 22 juin 1998, *Préfet de la Guadeloupe*, req. n°3105.
456 Cass. 1ère civ., 18 juin 1974 ; *JCPG* 1974, IV, 288.
457 Cass., 1ère civ., 27 mai 1975 ; Bull. civ. 1975, I, n°173.
458 TC, 17 juin 2013, *Bergoend*, précité, cons. 2.
459 BRETONNEAU (A.), DOMINO (X.), « La voie de fait mise au régime sec », *A.J.D.A.*, 2013. 1568 et suiv.

Cette nouvelle définition reste difficile a appréhender, tant par la signification que par la protection constitutionnelle que pourrait revêtir *l'extinction* du droit de propriété. Car si le Tribunal des conflits a entendu rattacher l'atteinte à une liberté – non plus fondamentale – mais individuelle à l'article 66 de la Constitution, la dimension constitutionnelle ne fait, dans ce cas, aucun doute.

Le droit de propriété est protégé par les articles 2 et 17 de la Déclaration des droits de l'Homme et du citoyen, dont la valeur constitutionnelle fut pleinement caractérisée par la décision du Conseil constitutionnel dite « loi Nationalisation » de 1982[460].

Par ailleurs, le Conseil constitutionnel a fait du principe selon lequel l'Autorité judiciaire serait la garante du droit de propriété, un *Principe fondamental reconnu par les lois de la République*[461]. Cependant, il n'a pas voulu faire entrer le droit de propriété dans ledit article 66, mentionnant : « *[…] il résulte des termes de l'article 66 de la Constitution que celui-ci concerne la liberté individuelle et non le droit de propriété* »[462].

---

[460] Cons. const., 16 janvier 1982, n°81-132 DC, « Loi de Nationalisation », cons. 16 : Le Conseil va considérer que : « les principes mêmes énoncés par la Déclaration des droits de l'homme ont pleine valeur constitutionnelle tant en ce qui concerne le caractère fondamental du droit de propriété dont la conservation constitue l'un des buts de la société politique et […] en ce qui concerne les garanties données aux titulaires de ce droit … ».

[461] Cons. const., 25 juillet 1989, n°89-256 DC, dite « TGV Nord », cons. 16.

Dans cette illustre décision, le Conseil constitutionnelle érige le principe selon lequel l'autorité judiciaire est garante du droit de propriété en tant que « Principe fondamental reconnu par les lois de la République ».

[462] Cons. const., 17 juillet 1985, n°85-189 DC, « Principes d'Aménagement », cons. 3.

Cela ne veut pas dire que le droit de propriété n'est pas protégé constitutionnellement, simplement il ne l'est pas au titre de l'article 66 de la Constitution.

Or, le problème reste entier pour « l'extinction », puisque le Conseil constitutionnel n'a jamais utilisé ce terme dans ses décisions en *déclaration de conformité*, en matière de propriété[463]. Force est de constater que, si le Tribunal des conflits a entendu rattacher la compétence constitutionnelle du juge judiciaire à la liberté individuelle, nous pouvons penser qu'il a également entendu le faire pour le droit de propriété, puisque le visa de l'arrêt *Bergoend* mentionne « la Constitution, et notamment son préambule ». Mais dans ce cas, pourquoi ne pas rattacher la compétence constitutionnelle du juge judiciaire aux termes employés par le Conseil constitutionnel dans ses décisions ?[464]

Le raisonnement pourrait alors conduire à rapprocher l'extinction d'une autre notion – similaire de surcroît – utilisée par le Conseil ? Cette nouvelle vision du Tribunal des conflits, semblerait aller de pair avec la vision restrictive du Conseil constitutionnel au sujet de la « dépossession », notamment en matière d'indemnisation[465]. De plus, le Conseil constitutionnel n'entend réserver une compétence constitutionnellement garantie du juge judiciaire qu'à la dépossession qui constitue le « cœur de la compétence reconnue au juge judiciaire en matière d'expropriation »[466], et de manière plus générale à l'expropriation, ainsi qu'à la préemption de

---

463 Après examen des Tables analytiques du Conseil constitutionnel à jour du 1er Mai 2014.

464 DUBREUIL (Ch-A.), « La voie de fait nouvelle est arrivée », *op.cit.*, p 16.

465 Cons. const., 13 décembre 1985, n°85-198 DC, « Loi relative à la communication audiovisuelle », cons. 15. « Aucun principe de valeur constitutionnelle n'impose que, en l'absence de dépossession, l'indemnisation des préjudices causés par les travaux ou l'ouvrage public [...] relève de la compétence du juge judiciaire ».

466 BRETONNEAU (A.), DOMINO (X.), *op.cit.*

l'autorité publique[467]. Ce qui, au demeurant, atteste de la volonté du Conseil de ne pas réserver l'atteinte au droit de propriété au seul juge judiciaire, en circonscrivant ces domaines exclusifs de compétence.

Cependant, si le Conseil n'entend pas parler « d'extinction », il semble faire référence à la « privation de propriété » :

> « [...] Cette substitution, qui ne s'accompagne d'aucune dépossession, ne peut être regardée comme une privation de propriété au sens de l'article 17 de la Déclaration de 1789 » [468] .

La « privation » peut ne pas être d'une synonymie parfaite avec « l'extinction », car celle-ci peut être temporaire ou non. Le Professeur Gilbert exprimant à ce sujet la considération selon laquelle « pour le Conseil, il n'y a pas de privation si la gêne est supportable au sens de l'article 17 de la DDHC. Au contraire, il y aurait privation si le droit de propriété était vidé de son contenu »[469]. Ainsi, force est d'admettre que l'extinction ne vise que le cas particulier de la privation permanente de la propriété.

Le rapprochement par synonymes pourrait être réalisé – puisque le Conseil les utilise dans ses décisions – avec les termes suivants : « privation » ; « dépossession » ;

---

[467] Cons. const., 17 juillet 1985, n°85-189, *précité*, cons. 5.
« [...] la garantie offerte par l'intervention de l'autorité judiciaire qui demeure seule compétence pour déterminer la consistance, l'usage et la valeur des biens immobiliers expropriés ou préemptés ».
[468] Cons. const., 27 novembre 2001, n°2001-451 DC, « Loi portant amélioration de la couverture des non salariés agricoles contre les accidents du travail et les maladies professionnelles », cons. 16.
[469] GILBERT (S.), *Le juge judiciaire, gardien, de la propriété privée immobilière : étude de droit administratif*, thèse Lille, 2008, p 667, note 2849.

« aliénation [470] » ; ou « cession [471] ». Seulement, cette approche est loin de faire l'unanimité au sein des juridictions constitutionnelle, judiciaire et administrative. En effet, la *dépossession* peut concerner l'un des trois attributs du droit de propriété (usus, fructus, abusus[472]), alors que par définition l'extinction signifie que l'on n'est plus propriétaire de rien. Pour le Conseil constitutionnel, la « dépossession » signifie la « paralysie » de tous les attributs du droit de propriété[473], alors que les juridictions suprêmes admettent que la dépossession est caractérisée s'il est porté atteinte arbitrairement par l'administration à l'une de ces composantes[474].

Cependant, si aucune décision constitutionnelle – en déclaration de conformité – ne fait référence à « l'extinction » du droit de propriété, la référence – certes rare – est visible dans seulement deux décisions dans le cadre de *Questions prioritaires de constitutionnalité.*

> « *L'extinction des servitudes constituées […] ne porte pas atteinte à l'existence du droit de propriété. En l'absence de privation de propriété, l'extinction de la servitude […]*

---

[470] A titre d'exemples de la terminologie. Cons. const., 21 avril 2005, n°2005-513 DC, cons. 4 à 6. ;
Cons. const. 26 avril 2013, n°2013-309 QPC, cons.4 à 6. ; Cons. const., 17 juillet 1985, précité, cons. 10 et 11.

[471] A titre d'exemples d'utilisation du vocable. Cons. const., 22 septembre 2010, n°2010-33 QPC, cons.4 ; Cons. const., 7 octobre 2011, n°2011-176 QPC, cons. 5.

[472] Article 544 du Code civil : « La propriété est le droit de jouir et disposer des choses de la manière la plus absolue, pourvu qu'on n'en fasse pas un usage prohibé par les lois ou par les règlements ».

[473] Cons. const, décision du 13 décembre 1985, précitée, cons. 9 et 15.

[474] Etude menée par Simon Gilbert dans son commentaire de l'arrêt Bergoend, « Restriction de la voie de fait », *R.A*, déc. 2013, n°12.
A titre d'exemple voir. CE, 8 mars 2002, *Commune d'Arlos* ; req. n° n°231843

n'entre pas dans le champ d'application de l'article 17 de la Déclaration de 1789 »[475].

« *L'extinction des droits réels ou personnels (...) est la conséquence de l'expropriation et ne méconnait pas, par elle même, les exigences de l'article 17 de la déclaration de 1789* »[476].

Par voie de conséquence, l'action dépossessoire doit vider le droit de propriété de son contenu, sans quoi cela ne sera plus constitutif de voie de fait, mais d'une « atteinte » au droit de propriété de la compétence du juge administratif.

§ 2 – La portée contentieuse de l'extinction du droit de propriété sur la voie de fait :

En resserrant l'atteinte au droit de propriété sur « l'extinction » de ce droit, le Tribunal des conflits a entendu restreindre considérablement la voie de fait « car on sait que c'est dans le champ de l'atteinte grave à la propriété privée que venaient se nicher la majeure partie des voies de fait »[477], comme l'eurent révélé les nombreux exemples de réquisitions immobilières consécutifs à l'après seconde guerre mondiale[478].
Ainsi le juge administratif héritera de la compétence inhérente aux « simples » atteintes au droit de propriété, et par voie de conséquence, celles qui furent qualifiées par le passé de « voie de fait » ne le seraient plus aujourd'hui.

---

475 Cons. const., 10 novembre 2011, n°2011-193 QPC, cons. 5.
476 Cons. const., 20 septembre 2013, n°2013-342 QPC, cons. 5.
477 SLAMA (S.), « Le tribunal des conflits déshabille la "folle du logis" », *op.cit.*, p 13.
478 DEBARY (M.), *La voie de fait en droit administratif*, *op.cit.*, introduction.

En effet, l'étude de Jacques Moreau a mis en exergue plusieurs exemples particulièrement criants[479], attestant de la perte du qualificatif « voie de fait » : l'ordre donné par un maire à un particulier de déplacer sa clôture établie par inadvertance sur un chemin rural[480] ; le déboisement d'une parcelle sans autorisation préalable[481] ; des manœuvres effectuées par l'armée sur un terrain privé[482] ; la construction de canalisation sans l'accord préalable du propriétaire[483] ; l'occupation d'un terrain privé par l'autorité publique sans accord du propriétaire[484] ; la saisie de plaques photographiques[485] ; la rétention d'affiches à contenu politique[486] ; l'expulsion d'un fonctionnaire de son logement[487] ; la prise de possession d'un bien appartenant à un particulier[488] ; etc.

Par ailleurs, si nous pouvons donner des exemples de ce qui ne constitue plus des cas de voies de fait, une question légitime se pose : qu'est ce qui pourrait aujourd'hui constituer une « extinction » du droit de propriété ?
Nous avons vu que la jurisprudence du Conseil constitutionnel n'a fait référence à l'extinction que dans le cadre de rares *questions prioritaires de constitutionnalité*, et, de

---

479 MOREAU (J.), « Voie de fait », *Répertoire du contentieux administratif*, 2013, n°6.
480 CE, sect., 8 avril 1961, *Dame Klein*, rec. Lebon p 216.
481 CE, 26 mars 1990, *Icart*, req. n°71222.
482 Cass. 1ère civ., 28 mars 1995, n°93-1197 ; *Bull.* civ. I, n°147.
483 TC, 11 mai 1964, *Lajugie c/ Compagnie générale d'entreprises électriques*, rec. Lebon p 791.
484 TC, 30 juin 1969, *SCI des Praillons c/ Cmnes de Boissettes et du Mée-sur-Seine*, n°01928, rec. Leb. p. 684.
485 CE, ass., 18 novembre 1949, *Carlier*, précité.
486 TC, 10 décembre 1956, *Randon et autres*, précité.
487 TC, 27 juin 1966, *Guigon c/ Armées, précité.*
488 TC, 24 juin 1954, *Société Trystram*,. Lebon p 716.

surcroît par raisonnement négatif en affirmant ce qu'il n'en était pas constitutif.
Le contentieux sous-jacent à l'extinction, reste difficile à appréhender. Il semblerait opportun d'écarter la notion « d'expropriation de fait », qui demeure un processus interdit par la Cour européenne des droits de l'Homme[489].

La question de l'extinction du droit de propriété peut se poser en matière de biens *meubles* et *immeubles*.

Au sujet de la destruction de biens meubles, on peut trouver quelques exemples jurisprudentiels qui ont été par le passé constitutifs de « voies de fait », et qui pourraient en être aujourd'hui[490]. Force est de constater qu'une simple atteinte à un bien meuble, une dégradation, ne constitue plus une voie de fait. Mais à la lumière de la règle du droit civil selon laquelle « en fait de meuble la possession vaut titre »[491], tout bien en notre possession qui par la suite est détruit – par une autorité administrative qui serait sortie de la voie légale – constituerait une voie de fait, par extinction du droit de propriété sur le bien meuble détruit.

La question des biens immeubles est éminemment plus délicate puisque, des règles du code civil, transpirent l'idée selon laquelle « la propriété est perpétuelle ». En matière de propriété immobilière, l'exercice du droit est indépendant du bien. Par voie de conséquence, la

---

[489] « L'expropriation de fait » permet (indirectement par voie de fait) à l'administration d'occuper un bien immobilier et d'en transformer la destination, pour qu'il soit considéré comme acquis au patrimoine public sans qu'il y ait eu le moindre acte formel de transfert de propriété et sans que le propriétaire ait été au préalable indemnisé. Voir en ce sens. CEDH 27 mai 2010 ; CEDH 2013, *RD imm.* 2013, p 420.

[490] Voir à titre d'exemple. T. confl., 4 juill. 1991, *Association « Maison des jeunes et de la culture Boris Vian »*, n° 2662, Lebon p. 468 ; *AJDA* 1991. 737.

[491] Article 2276 du code civil (ancien article 2279 al 1er) ;

destruction du bien immeuble, n'entraîne pas la destruction du droit de propriété. Pour qu'il y ait extinction du droit de propriété, la destruction du bien immeuble doit être définitive[492], mais comment pourrait-elle l'être ? Car les « immeubles, par leur rattachement au sol, ont vocation à l'éternité »[493].
De manière plus précise, un propriétaire d'un bien immeuble, est tout à la fois propriétaire du sol, du dessus et du tréfonds[494]. Le bien immeuble est inséparable de tous ces éléments constitutifs, et par conséquent la destruction d'un ouvrage n'entraîne pas la perte du titre de propriété. Puisque la destruction de l'ouvrage bâti n'entraîne pas la destruction corrélative du sol ni du tréfonds, la propriété demeure et il n'y a pas extinction. La propriété de l'immeuble bâti se reporte *de facto* sur les ruines ou sur les indemnités dues au propriétaire du fait de ladite destruction[495].

Cependant, l'élément singulier à ce sujet serait de pouvoir dissocier le droit de propriété sur le sol et le droit de propriété sur les ouvrages. Seul le Professeur Delvolvé, au sein de la doctrine, émet cette possibilité[496]. En effet, un seul exemple en droit civil permettrait cela : le *bail réel immobilier*. Ce nouveau contrat – qui n'est toujours pas

[492] *J.C.L.*, civ., art 544, fasc. 10, n°58
[493] AYNES (L.), MALAURIE (Ph.), *Les biens*, Défrenois, 10ème éd., 7. 2010, n°463.
[494] Article 552 code civil.
[495] BATUT (AM), conclusions sur, *M. et Mme P. c/ Commune de Saint-Palais-sur-Mer*, séance du 9 décembre 2013, n°3931, p 7. http://www.tribunal-conflits.fr/PDF/3931_Conclusion_conclusions_tc_3931.pdf
[496] DELVOLVE (P.), « Voie de fait : limitation et fondements », *R.F.D.A.*, 2013. 1041, pp 7-8.

entré en vigueur[497] – énonce clairement dans l'article 1er de la proposition de rédaction du texte que :

> « Le bail réel immobilier est un contrat de bail de longue durée par lequel le bailleur confère au preneur un droit réel sur un immeuble bâti ou non bâti.
>
> [...] Le droit réel immobilier qui résulte du bail porte tant sur le sol et les constructions existantes que sur les constructions nouvelles … »[498].

Dès lors, en cas de destruction de l'ouvrage, le preneur qui possèdera sur ce dernier des droits réels, se verra éteindre son droit de propriété que le bail lui conférait. De plus, si la condition « d'acte insusceptible de se rattacher à l'administration » est caractérisée, alors il y aura une voie de fait.

Un autre domaine pourrait être exploité concernant l'extinction du droit de propriété : celui du Titre de propriété. Cette hypothèse ne vise pas « *l'instrumentum* » à proprement parler (c'est à dire l'acte), mais les cas où le titre de propriété est indissociable du bien. Car la destruction de *l'instrumentum*, n'entraine pas la destruction de la propriété que l'on a sur lui : par exemple, la destruction d'un acte de vente ne signifie pas que l'on ne soit plus propriétaire.
Deux cas peuvent être énumérés dans lesquels le titre est indissociable du bien, dont la destruction entraine la destruction du titre « implicite » que revêtaient ces biens.

---

[497] Voir à ce sujet l'analyse de Jean-luc Tixier, in, TIXIER (JL.), « Le bail réel immobilier », *RFDA* 2013, p 758.
[498] Pour l'intégralité de la proposition de texte voir. Proposition_texte_RDI_092013.pdf

D'abord « la charte partie » ou la procédure du « connaissement », au sujet des marchandises parquées à bord d'un navire. Cette action permet d'incorporer ces biens au navire, leur destruction entraine donc corrélativement la perte du droit de propriété sur ces biens.

Ensuite, en matière de domaine public fluvial et maritime : il ressort du Code général de la propriété des personnes publiques[499] que, lorsque les eaux appartenant au domaine public envahissent les terres privées, alors la zone sous les eaux est incorporée *de facto* au domaine public. En effet, elle n'appartient plus à la propriété privée de la personne privée, qui perd à ce titre la propriété qu'elle détenait sur cette partie du sol.

Pour autant, cela n'est pas constitutif d'une voie de fait. Pour que ça le devienne – et cela reste du pur cas d'école – l'autorité administrative devrait elle même sans habilitation légale détruire un barrage, ou détourner le lit de la rivière afin que ce dernier envahisse un terrain privée.

Autant de considérations qui ont conduit le rapporteur public – et nous pouvons partager son analyse – à dire que la voie de fait en matière d'extinction du droit de propriété immobilière n'existe plus.

---

[499] L'article L 2111- 4 1° du CG3P, résultant de l'ordonnance n°2006-460 du 21 avril 2006 du code précise que : « 1° [...] Le rivage de la mer est constitué par tout ce qu'elle couvre et découvre [...] ».

Le Conseil constitutionnel dans sa décision n°2013-316 QPC du 24 mai 2013, a considéré que ledit article du CG3P ne constituait ni une privation de propriété au sens de l'article 17 de la DDHC de 1789 ni une atteinte au droit de propriété (cons. 6).

Titre 2 – Les conséquences d'une requalification juridique sur les ordres juridictionnels

La redéfinition de la voie de fait opérée par le Tribunal des conflits, a permis de doter cette dernière d'assises juridiques. Seulement, le resserrement « constitutionnel » de la notion est lourd de conséquences sur la répartition contentieuse des deux ordres juridictionnels, qui voient leur office modifié par la nouvelle qualification juridique de la voie de fait. Si la réception de cette requalification a permis une unification contentieuse au profit du juge administratif (**chapitre 1**), elle fut néanmoins plus délicate pour le juge judiciaire, qui perdit *de facto* l'exclusivité intégrale qu'il détenait depuis l'origine sur l'ancestrale théorie de la voie de fait (**chapitre 2**), réduisant par voie de conséquence, son utilité pratique.

Chapitre 1 – Le juge administratif à l'aube d'une unification contentieuse

Les effets d'une nouvelle qualification juridique de la voie de fait ont conduit, en pratique, à unifier la compétence du juge administratif tant sur le contentieux des libertés fondamentales et du droit de propriété (Section 1), que sur des notions analogues qui tombèrent *de facto* dans le giron du juge administratif (Section 2).

Section 1 – Une récupération contentieuse des libertés et de l'atteinte au droit de propriété

Le bouleversement de la voie de fait, a entrainé indéniablement une récupération contentieuse du juge administratif tant sur les libertés fondamentales, dont il devient le juge de droit commun (**§1**), que sur l'atteinte au droit de propriété (**§2**).

§ 1 – Le juge administratif, juge de droit commun des libertés fondamentales :

Un hommage[500]. Voilà ce qui pourrait expliquer les raisons qui ont poussé le Tribunal des conflits à redessiner les contours de la voie de fait, tout en lui donnant de solides assises juridiques constitutionnelles.
L'affinage de la notion semble ainsi répondre aux interrogations soulevées par Jacques Robert, lorsque celui-ci écrivait en 1974 : « [...] le Conseil d'Etat s'est engagé

---

[500] Expression empruntée à Bertrand Seiller, in., SEILLER (B.), « La voie de fait, en voie de disparition de fait ? », *op.cit.*, p 3.

sur le chemin étroit de la voie de fait. S'il est encore hésitant, qui lui reprochera sa modestie ? La prudence de ses pas n'atteste-t-elle pas qu'il veut arriver loin ? »[501].

Bien des Rubiconds ont été franchis depuis le temps où la doctrine pouvait proférer à l'encontre de l'ancien *référé-administratif* : « son utilisation n'a guère été féconde en matière de protection des libertés. Il ne permet pas une intervention préventive susceptible de faire échec aux atteintes [...] »[502]. En effet, l'inexorable ascension du juge administratif dans la protection des libertés fondamentales – entamée en 1995 et parachevée par la réforme du 30 juin 2000 – a permis de voir un juge administratif, endosser pleinement son rôle de gardien des libertés fondamentales à en croire le volontarisme dont il a fait preuve dans ce domaine.
Rejoignant ainsi les propos de Jacques Moreau lorsqu'il mentionne : « en dépit des mythes lentement édifiés au XIXème siècle [...] c'est bien la juridiction administrative qui est le défenseur attitré et le gardien naturel des libertés »[503].

La concurrence juridictionnelle en matière de protection des libertés fondamentales entre les juges administratifs et judiciaires conduisit le Tribunal des conflits à réduire la voie de fait à la liberté individuelle. Par voie de conséquence, la requalification juridique de la notion de voie de fait « la vide durablement de sa

---

501 ROBERT (J.), « Le juge administratif et la liberté individuelle », *Mélanges Waline*, 1974, p 719.
502 TSIKLITIRAS (S.), *La protection effective des libertés publiques par le juge judiciaire en droit français*, *op.cit.*, p 8.
503 MOREAU (J.), note sous CE 1er décembre 1965, *Sieur Rodes* ; *AJDA* 1996, p 380.

substance »[504], au point de réduire drastiquement son utilité pratique au profit du juge administratif.
Aussi, les grands arrêts qui ont fait la théorie n'en seraient plus constitutifs aujourd'hui, et entreraient *de facto* dans le giron du juge administratif : à l'image de la saisie de journaux avec *Action française*[505] ; de plaques photographiques par l'arrêt *Carlier*[506]. N'en feraient également plus partie l'atteinte à l'inviolabilité du domicile[507] ; la violation du respect des sépultures[508] ; l'atteinte à la liberté d'aller et venir[509] ainsi que la rétention trop longue des passeports[510] ou encore la libre administration des collectivités territoriales[511], etc.
Force est de constater que toute atteinte à une liberté fondamentale – qui jadis aurait pu constituer une voie de fait – est aujourd'hui de la compétence du juge administratif des référés qui pourra la constater, mais également la faire cesser[512].

Au demeurant le juge administratif, possède tous les attributs d'un juge des référés digne de ce nom. En effet, outre la constatation et la cessation d'une atteinte causée à une liberté fondamentale, la procédure du *référé-provision*[513]

---

[504] Expression empruntée à Serge Slama, in., SLAMA (S.), « Le tribunal des conflits déshabille la « folle du logis », *R.E.V.D.H.*, 2013, p 2.
[505] TC, 8 avril 1935, *Action française* ; *précité.*
[506] CE ass, 18 novembre 1949, *Carlier* ; *précité.*
[507] TC, 25 novembre 1963, *Epoux Pelé c/ Maire de Pré-en-Pail* ; rec. Lebon p 795.
[508] TC, 25 novembre 1963, *Commune de Saint-Just-Chaleyssin et Rey c/ Epoux Thomas* ; rec. Lebon p 793.
[509] Cass, 1ère civ., 23 mars 1971, *D.* 1971, somm. 159.
[510] TC, 19 novembre 2001, *Mlle Mohamed*, Bull. civ, n°22, *D.* 2002.1446.
[511] Cass. 1ère civ., 28 novembre 2006, n°04-19.134, *Commune de Saint-Maur-des-Fossés*, *précité.*
[512] DUBREUIL (Ch-A.), « La voie de fait nouvelle est arrivée », *op.cit.*, p 17.
[513] Procédure prévue à l'article R. 541-1 du Code de justice administrative, issu de la réforme du 30 juin 2000 :

permettrait qu'une victime d'une « atteinte grave et manifestement illégale » à une liberté fondamentale, puisse obtenir réparation en demandant au juge d'ordonner à l'administration que celle-ci répare l'atteinte qui a été portée à ladite liberté fondamentale[514], par l'octroi d'une « provision ».
La compétence exclusive du juge administratif en matière de liberté fondamentale – puisque celle-ci ne peut plus être constitutive de voie de fait – marque un renforcement du principe de séparation des autorités juridictionnelles.

Ainsi, la requalification opérée par le Tribunal des conflits converge vers le principe « d'une bonne administration de la justice »[515], puisque l'exclusivité reconnue au juge administratif en matière de liberté fondamentale, permet de cantonner strictement chaque ordre de juridiction, tout en faisant application du principe constitutionnel de la compétence administrative sur les actes de la puissance publique tel qu'affirmé par le Conseil constitutionnel :

> « *[...] figure au nombre des "principes fondamentaux reconnus par les lois de la République" celui selon lequel, à l'exception des matières réservées par nature à l'autorité judiciaire, relève en dernier ressort de la compétence*

« Le juge des référés peut, même en l'absence d'une demande au fond, accorder une provision au créancier qui l'a saisi lorsque l'existence de l'obligation n'est pas sérieusement contestable. Il peut, même d'office, subordonner le versement de la provision à la constitution d'une garantie ». Version en vigueur au 1er janvier 2001.

514 Pour un exemple d'octroi d'une provision par la procédure du référé provision, voir à titre d'exemple.
CE sect., 16 décembre 2005, *Lacroix* ; req. n° 274545.

515 Cons. const., 23 janvier 1987, n°86-224 DC, « Loi transférant à la juridiction judiciaire le contentieux des décisions du Conseil de la concurrence », cons. 16.

de la juridiction administrative l'annulation ou la réformation des décisions prises, dans l'exercice des prérogatives de puissance publique ... »[516].

Cette compétence attribuée au juge administratif pourrait tout simplement engager « la disparition programmée de la voie de fait »[517], étant donné que la notion se trouve réduite dans son utilité pratique. Finalement l'héritage du contentieux des libertés fondamentales semble être une inversion du processus qui se déroula jusqu'ici, lorsque les juges judiciaires manifestaient « une nette tendance à abuser de la qualification de voie de fait, diagnostiquant à tort et à travers son existence »[518].

Désormais, la procédure du référé-provision est la pierre qui manquait à l'édifice pour inverser ce processus et ainsi, rendre complète l'office du juge administratif des référés dans la protection effective des libertés fondamentales.

§ 2 – L'atteinte au droit de propriété : une compétence exclusive du juge administratif

Doter la voie de fait d'assises juridiques solides c'est, de manière corrélative, modifier la notion de « voie de fait ». Une telle modification engendre un phénomène tout à fait singulier, celui de faire basculer dans la compétence exclusive du juge administratif, ce qui jusqu'alors constituait une compétence partagée avec le juge judiciaire.

---

516 Cons. const., 23 janvier 1987, *précité*, cons. 15.

517 LOMBARD (M.), « Eloge de la folle du logis ; la dialectique de la voie de fait et du référé- liberté », *Mélanges Cohen-Jonathan*, 2004, t.2, p 1125.

518 CHAPUS (R.), *Droit administratif général*, t.1, 15ème éd., 2001, p 874.

Par souci de clarté et de bonne administration de la justice, ce qui nécessitait une *atteinte grave* pour qualifier une voie de fait, nécessite aujourd'hui une « extinction du droit de propriété », réduisant une fois de plus cette notion.
A titre d'illustration, pour Lucienne Erstein : « La juridiction administrative [est] compétente pour [...] statuer sur la demande d'indemnisation des conséquences dommageables de cette atteinte [au droit de propriété], sous réserve que le droit de propriété demeure »[519].

Par voie de conséquence, toute « atteinte » au droit de propriété – désormais insusceptible de constituer une voie de fait – relève de la compétence du juge administratif. En ce sens, les atteintes qui furent qualifiées par le passé de « voie de fait » ne le seraient plus aujourd'hui : l'occupation d'un terrain privé par l'autorité publique sans accord du propriétaire [520], ou la saisie de plaques photographiques[521].
Au demeurant, le juge administratif n'a pas attendu la réforme du 30 juin 2000 pour protéger la propriété des personnes privées. Ainsi, lorsqu'il contrôlait « l'utilité publique » dans le cadre d'une expropriation, notamment par la *théorie du bilan coût-avantage*[522] ne protégeait-il pas la propriété privée ? Ou encore en sanctionnant toute mesure de police portant atteinte au droit de propriété[523].

---

519 ERSTEIN (L.), « Le juge administratif et l'atteinte à la propriété privée », Sem. Jur. Adm. et Coll. terri, n° 4, 27/01/2014, act. 90.
520 TC, 30 juin 1969, *SCI des Praillons c/ Cmnes de Boissettes et du Mée-sur-Seine*, n°01928, Lebon. p. 684.
521 CE, ass., 18 novembre 1949, *Carlier, précité*
522 CE, ass., 28 mai 1971, *Ville Nouvelle-Est*, rec. p 409, concl. Braibant ; *AJDA* 1971, p 404-406. V. aussi, ARTUS (D.), « La théorie du bilan et la protection de la propriété privée », *RFDA* 2006, p 1000 et p 1004.
523 CE, 5 novembre 1975, *Commune de Villeneuve-Tolosane*, rec. Tables, p 1052.

Seulement, s'il protégeait la propriété bien avant l'apparition des nouvelles procédures de référé, la loi du 30 juin 2000 lui a permis de protéger ce droit autrement.
Le référé-liberté a fait preuve d'audace en reconnaissant comme liberté fondamentale « la libre disposition » du bien de la personne propriétaire :

> « *[…] en raison de ses effets sur la libre disposition par la société Lidl du bâtiment dont elle est propriétaire, cette décision porte une atteinte grave à une liberté fondamentale* … »[524].

Puis, en consacrant pleinement le droit de propriété en tant que liberté fondamentale, en rappelant que « la libre disposition » n'était que le corollaire du droit de propriété :

> « *Considérant […] que le droit de propriété a, comme son corollaire qu'est le droit pour le locataire de disposer librement des biens […] le caractère d'une liberté fondamentale* »[525].

La requalification juridique de la voie de fait, a effrité un peu plus l'illusion selon laquelle le juge judiciaire serait le – seul – protecteur de la propriété privée.
Au demeurant, si le Tribunal des conflits pouvait par le passé admettre que la compétence judiciaire en matière de propriété rentrait « essentiellement dans les attributions de l'autorité judiciaire »[526], cela n'a jamais été reconnu en tant que tel par le Conseil constitutionnel.

---

[524] CE, ord., 23 mars 2001, *Société Lidl*, req. n°231559, rec. Lebon p 117, cons. 6.
[525] CE, ord., 29 mars 2002, *SCI Stephaur et autres*, req. n°243338, cons. 8.
[526] TC, 4 juin 1940, *Société Schneider et Compagnie*, Lebon, p 248.

En matière de propriété, la compétence constitutionnellement reconnue au juge judiciaire concerne d'une manière restrictive « l'indemnisation », due notamment à une dépossession ou à une expropriation[527].
Prenant acte de l'évolution de l'office du juge administratif, la doctrine quant à elle, affirmait que le juge administratif était gardien de la propriété privée au même titre que l'autorité judiciaire[528]. Ainsi, l'emprise irrégulière et la voie de fait ne seraient que des exceptions à sa compétence.

La compétence du juge administratif en matière d'atteinte au droit de propriété causée par une personne publique, n'est pas exempte de difficulté. En effet, au vu de la jurisprudence administrative relative au droit de propriété – notamment dans le cadre du référé-liberté – l'atteinte à « une liberté fondamentale » et « l'atteinte au droit de propriété » ne peuvent pas être dissociés. Puisque par diverses formules – sus mentionnées – le juge administratif fait entrer le droit de propriété en tant que liberté fondamentale, qui en est finalement qu'une émanation.
En effet, comme le rappelle Thomas Pez : « Il [le référé-liberté] ne se contente pas de protéger le droit de propriété, il le consacre […] par assimilation du droit de propriété à une liberté fondamentale »[529].
En effet, la dialectique du juge administratif des référés a évolué. Il a d'abord affirmé que le droit de propriété avait

---

[527] Cons. const., 13 décembre 1985, n°85-198 DC, précité.
[528] DELVOLVE (P.), « Droit de propriété et droit public », *L'Etat du droit, Mélanges en l'honneur de Guy Braibant*, Dalloz 1996, p 149 à 167 ; RAPP (L.), TERNEYRE (P), dir., Lamy Droit public des affaires, Lamy 2002, n°710-728.
[529] PEZ (T.), « Le droit de propriété devant le juge administratif du référé-liberté », *R.F.D.A.*, 2003, p 371.

« le caractère d'une liberté fondamentale »[530], pour ensuite pleinement assimiler les deux notions en affirmant « le droit de propriété constitue une liberté fondamentale »[531].

L'assimilation entre « liberté fondamentale » et « droit de propriété », opéré depuis l'ordonnance *SCI Stephaur*, semble rompre avec une tradition jurisprudentielle en matière de voie de fait, qui distinguait clairement les atteintes « soit au droit de propriété (...), soit à une liberté fondamentale »[532].
Ceci participe d'une unification contentieuse du juge administratif, inhérente à la requalification juridique de la voie de fait par la procédure de l'article L. 521-2 du code de justice administrative.

Section 2 – L'emprise irrégulière : victime collatérale de la redéfinition de la voie de fait

La redéfinition de la voie de fait a eu pour conséquence collatérale de modifier certains contentieux en matière d'atteinte au droit de la propriété. Désormais, un ouvrage public irrégulièrement planté ne pourra plus constituer une voie de fait (**§1**). De manière plus générale, la notion d'emprise irrégulière absorbée par la voie de fait, n'existerait plus (**§2**).

---

530 Tel qu'il en ressort du « résumé » de l'arrêt CE, ord, 31 mai 2001, *Commune d'Hyères-les-Palmiers*, dans les tables du recueil Lebon.
531 CE, ord., 27 novembre 2002, *SCI Résidence du théâtre*, req. n°251898.
532 CE, sect., 8 avril 1961, *Dame Klein*, Lebon., p 216.

§ 1 – La fin de l'adage « ouvrage mal planté ne se détruit pas » au profit du juge administratif :

La jurisprudence *Bergoend* modifie également le paysage juridictionnel, en ce qu'elle met à mal l'adage séculaire selon lequel « ouvrage public mal planté ne se détruit pas »[533]. En effet, le Tribunal des conflits procède à une nouvelle uniformisation contentieuse dans les mains du juge administratif, en considérant que :

> « *[…] L'implantation, même sans titre, d'un ouvrage public sur le terrain d'une personne privée ne procède pas d'un acte manifestement insusceptible de se rattacher à un pouvoir dont dispose l'administration* »[534].

Le Tribunal des conflits opère un nouveau bouleversement jurisprudentiel, puisqu'il met fin à deux siècles de débats concernant le maintien de l'adage « ouvrage public mal planté ne se détruit pas ». Cet adage hérité du XIXème siècle, a été confirmé en 1956 par le Tribunal des conflits lorsqu'il exposait que l'autorité judiciaire ne devait prescrire « aucune mesure de nature à porter atteinte, sous quelque forme que ce soit, à l'intégrité ou au fonctionnement d'un ouvrage public »[535]. Cependant, le Conseil d'Etat a permis d'ouvrir la brèche vers une mutation de la notion jurisprudentielle[536].

---

[533] CE, 7 juillet 1853, *Robin de la Grimaudière* ; *S.* 1854, 2, p. 213.

[534] TC, 17 juin 2013, *M. Bergoend c/ Société ERDF Annecy Léman*, *précité.* cons. 2.

[535] TC, 6 février 1956, *Consorts Sauvy* ; Lebon, p 586.

[536] CE, 19 avril 1991, *Epoux Denard et Martin*, Lebon. p 148.
En l'espèce, un maire avait refusé la destruction d'une buse, et donc la destruction d'un ouvrage public. Le juge ayant considéré qu'il n'existait pas d'erreur manifeste d'appréciation, l'ouvrage n'a pas été démoli. Cependant, l'arrêt a permis de franchir un pas vers la remise en cause de

L'effort a été poursuivit par la Cour de cassation, qui a abandonné la technique de *l'expropriation indirecte* en 1994[537]. Par cette décision, la Cour entend que « la situation irrégulière dans laquelle se trouve l'administration […] soit régularisée, à défaut d'accord amiable, par la procédure de l'expropriation »[538].

Devant la considération selon laquelle, les deux Cours suprêmes ont contribué de concert à l'affinage de la notion, le Professeur Moreau affirme que « ce double effritement rendait le maintien de la jurisprudence ancienne de plus en plus problématique, et il appartenait au Tribunal des conflits de prendre l'arrêt décisif »[539].
Le juge départiteur dans un arrêt *Binet*[540], a procédé à un affinage de la notion en affirmant que la compétence relevait du juge administratif – à propos du déplacement ou de la suppression d'un ouvrage public – et que l'autorité judiciaire, sous peine de porter atteinte au principe de séparation des autorités juridictionnelles, est incompétente sauf si la réalisation de l'ouvrage « procède

---

l'intangibilité des ouvrages publics puisque dans ce cas, le juge aurait pu décider d'une démolition en cas d'erreur manifeste d'appréciation.

537 Cass. civ., 1994, *Baudon de Mony*, précité.
Dans cet arrêt, la Cour de cassation rappelle les procédures – légales – d'expropriation à respecter, en sous-entendant l'irrégularité des expropriations indirectes.
Une telle procédure a été jugée contraire à l'article 1er du protocole additionnel de la CEDH.
Cf. CEDH 24 juin 1993 ; *Dr. Adm.* 1993 ; n°415.

538 BERNARD (A.), « Expropriation – terrains – cession amiable – construction d'un barrage – annulation de la vente – intangibilité de l'ouvrage public – expropriation de fait » ; *AJDI* 1994, p 755. 122.

539 MOREAU (J.), « Voie de fait », *Répertoire du contentieux administratif*, 2013, n°6, § 143. V. Egalement TRAORE (S.), « La redéfinition de la voie de fait et la résurgence du caractère absolu de l'intangibilité de l'ouvrage public », *D.A*, 2015, pp 9 et suiv.

540 TC, 6 mai 2002, *Epoux Binet c/ EDF* ; JCP 2002. II. 10170.

d'un acte qui est manifestement insusceptible de se rattacher à un pouvoir dont dispose l'autorité administrative [et si] aucune procédure de régularisation appropriée n'a été engagée »[541]. En d'autres termes, le juge judiciaire est incompétent pour ordonner le déplacement ou la destruction de l'ouvrage public mal planté, sauf en cas de voie de fait[542]. Par ailleurs, s'il y a eu en amont une procédure de régularisation, le juge judiciaire demeure compétent uniquement au stade de l'indemnisation[543].

Cet adage détenait une place particulière lorsque le juge administratif n'avait pas de pouvoir d'injonction, ainsi s'accommodait-il de l'impossibilité de déplacer ou de supprimer l'ouvrage. Le justiciable se tournait alors vers le juge judiciaire pour que celui-ci caractérise la *voie de fait* et prononce une injonction à l'administration puisque seul ce dernier en avait les moyens, jusqu'à la loi de 1995[544]. Un tel pouvoir d'injonction a été utilisé en ce sens par la Cour d'appel de Marseille en 2002 dans l'arrêt *Gasiglia*[545], qui a été confirmé par le Conseil d'Etat en 2003 dans l'arrêt cardinal *Commune de Clans*[546].

---

541 *Ibid.*, cons. 5.

542 Voir à titre d'application jurisprudentielle. Cass civ 3ème, 30 avril 2003, *Consorts X c/ Commune de Verdun-su-Ariège* ; *AJDA* 2003. 917, obs. de Monteclerc.
La Cour de Cassation applique la jurisprudence Binet, et admet que l'autorité judiciaire peut ordonner la destruction de l'ouvrage, considérant que c'est un acte insusceptible de se rattacher à un pouvoir dont disposer l'administration, et qu'aucune procédure de régularisation n'a été engagée.

543 Cass. civ. 1ère, 25 novembre 2009, *M. Pot et autres*, n°08-18. 655.

544 Voir en ce sens, les articles L.911.1 et suivants du code de justice administrative (CJA).

545 CAA Marseille, 5 mars 2002, *Mme Gasiglia*, AJDA 2002, p 473, obs. M-C de Monteclerc.

546 CE, 29 janvier 2003, *Syndicat départemental de l'électricité et du gaz des Alpes-Maritimes et Commune de Clans* ; req n° 245239.

La formule du Tribunal des conflits selon laquelle « l'implantation même sans titre », aurait pu être source de complexité. Traduisait-elle la consécration d'une troisième catégorie de voie de fait ? Ou bien traduisait-elle la suppression de la voie de fait en matière d'implantation irrégulière d'un ouvrage public ?
En premier lieu, il ressort des conclusions du Commissaire du gouvernement Anne-Marie Batut sous l'arrêt *Bergoend* que c'est précisément cette question qui fut posée par la Cour de cassation au Tribunal des conflits : « il ne s'agit pas ici de remettre en cause la compétence admise du juge judiciaire [en matière de voie de fait], mais de vérifier si la polémique est de mise s'agissant de l'intégration, dans la notion de voie de fait, d'actes de l'autorité administrative ne procédant d'aucun droit ni titre »[547]. Ces propos semblent faire écho à la volonté de René Chapus de reconnaître une troisième variété de voie de fait, lorsque le comportement de l'administration « tout en étant rattachable à un pouvoir lui appartenant [...], ne procède d'aucun titre juridique »[548].
En effet, même si le Professeur Chapus reconnaît lui-même que « cette réponse est négative dans d'autres espèces analogues [qui ne constituent que] de simples

---

Il ressort de cette jurisprudence que le juge administratif, doit considérer si une régularisation est possible, dans la négative, il devra faire un bilan coût avantage, en mettant en balance les intérêts privés et les intérêts publics et également de considérer l'impact qu'aura la destruction du bien sur l'intérêt général.

[547] Conclusions disponibles à l'adresse suivante en page 9 : http://www.tribunalconflits.fr/PDF/3911_Conclusion_conclusions_tc_3911.pdf

[548] CHAPUS (R.), *Droit administratif général*, 14ème éd., 2000, t.1, n°1094.

emprises irrégulières »[549], plusieurs jurisprudences ont retenu une voie de fait « en l'absence de titre juridique »[550]. Cependant, même si une partie de la doctrine s'est interrogée en ce sens, cela ne semble pas être la volonté du Tribunal des conflits qui, toujours dans l'arrêt *Bergoend*, a mentionné dans son troisième considérant que :

> « *[…] L'implantation, même sans titre, d'un tel ouvrage public […] ne procède pas d'un acte manifestement insusceptible de se rattacher à un pouvoir [de l'administration] n'aboutit pas, en outre, à l'extinction d'un droit de propriété* ».

En expliquant que l'implantation d'un ouvrage public se rattachera toujours à un pouvoir de l'administration, le Tribunal des conflits semble supprimer l'exception de voie de fait, en matière d'implantation irrégulière d'un ouvrage public, prolongeant ainsi deux jurisprudences antérieures[551].
A ce titre, Aurélie Bretonneau et Xavier Domino concluent que : « Cette précision [de l'arrêt *Bergoend*] répond au souci de stabiliser la jurisprudence qui […], a été fluctuante sur cette question de l'emprise irrégulière, et laissait parfois accroire que la possession d'un titre

[549] *Ibid.*, p 881.

[550] Voir en ce sens. CE, 3 février 1956, *SNCF*, Lebon. p 48 ; TC 11 mai 1964, *Lajugie*, Lebon. p 791 ; Cass. Civ., 1er novembre 1993, *JCP* 1994, I., n°3801.

[551] TC, 12 avril 2010, *Société ERDF c/ M. et Mme Michel*, n° 3718 ; CE, Ass, 29 avril 2010, *M. et Mme Beligaud*, n° 323179.
De ces deux arrêts ressort l'idée selon laquelle : l'implantation, même sans titre, d'un ouvrage public sur le terrain d'une personne privée ne procède jamais « d'un acte manifestement insusceptible de se rattacher à un pouvoir dont dispose » l'administration.

permettant l'implantation de l'ouvrage public pouvait seule faire échapper la qualification de voie de fait »[552].

La révolution opérée par *Bergoend* au sujet de la voie de fait en matière d'implantation irrégulière d'un ouvrage public allait par voie de conséquence toucher le contentieux général de l'emprise irrégulière. En effet, selon le Professeur Slama : « [...] désormais, il [...] faudrait confier le contentieux de l'emprise irrégulière [...] sous le contrôle exclusif de son juge naturel qu'est le juge administratif »[553].

Sous l'impulsion opérée par le Tribunal des conflits, la notion *d'emprise irrégulière* allait à son tour subir quelques modifications qui allaient, là encore, bénéficier au juge administratif.

§ 2 – La suppression de l'emprise irrégulière au profit de la compétence administrative :

L'évolution récente du droit administratif, semble avoir donné raison à Serge Petit, lorsqu'il écrit en 1995 : « La notion de voie de fait doit absorber la notion d'emprise irrégulière »[554]. La théorie de l'emprise est une création prétorienne[555], qui a subi diverses mutations, pour finir par s'éteindre en 2013.

---

552 BRETONNEAU (A.), DOMINO (X.), « La voie de fait mise au régime sec », *op.cit.*. 1571.

553 Serge Slama rapportant les propos d'Anne-Marie Batut sous l'arrêt Bergoend, *in.*, SLAMA (S.), « Le tribunal des conflits déshabille la "folle du logis" », *R.E.V.D.H.*, 2013.

554 PETIT (S.), *La voie de fait administrative*, PUF, coll. QSJ, 1995, p 95.

555 TC, 17 mars 1949, *Société Hôtel du Vieux Beffroi*, req. n° 1077, Lebon p 592 ; et TC, 17 mars 1949, *Société Rivoli-Sébastopol*, req. n° 1086, Lebon p 594.

Certains auteurs, à l'image du Professeur Auby, affirment que la voie de fait et l'emprise étaient des notions inséparables[556]. Seulement la théorie de l'emprise, si elle concernait – tout comme la voie de fait – une *atteinte grave* au droit de propriété, elle avait un champ plus réduit puisque cela ne concernait que les atteintes à la propriété « immobilière ».

Par ailleurs, le juge judiciaire n'est compétent – par dérogation au principe de séparation des ordres juridictionnels – qu'en cas d'indemnisation suite à une emprise irrégulière.

Au demeurant, l'emprise n'est qu'une « prise de possession irrégulière »[557], à la différence de la voie de fait qui « implique la double constatation d'une emprise irrégulière et manifestement insusceptible de se rattacher à un quelconque pouvoir de la puissance publique »[558].

Mais le contentieux de l'emprise a été, peut-être plus encore que la voie de fait, d'une extrême complexité[559] au niveau des compétences juridictionnelles.

En cas d'*emprise régulière*, le contentieux appartenait au juge administratif[560] qui était alors compétent pour statuer sur la légalité de l'acte et adresser une injonction à l'administration pour qu'elle fasse cesser l'atteinte à la propriété immobilière, et également pour octroyer une indemnisation à la victime.

---

556 AUBY (J-M.), « Emprise irrégulière et voie de fait », *JCP* 1955. I. 1259.

557 Périnet-Marquet (H.), chron., *JCP* 2004. I. 171, n° 2.

558 GAVIN-MILAN OOSTERLYNCK (E.), « La voie de fait et l'emprise irrégulière sont de la compétence des juridictions judiciaires », *RDI* 2007. 346.

559 MOREAU (J.), « Emprise », *Répertoire du contentieux administratif*, 2002 (mise à jour janvier 2014), § 32.

560 CE, sect., 15 février 1961, *Sieur Werquin*, Lebon p 118.

Cependant, le contentieux de *l'emprise irrégulière* est différent. Car si la juridiction administrative reste compétente pour se prononcer sur la légalité de l'acte administratif ainsi que pour faire cesser le trouble par une astreinte ou une injonction, l'indemnisation appartient désormais au juge judiciaire[561]. Ce dernier devant surseoir à statuer (avant d'octroyer l'indemnité) jusqu'à ce que la juridiction administrative se soit prononcée sur la légalité de la décision constitutive d'emprise.
Pour que le juge judiciaire soit compétent pour prononcer l'indemnisation, trois conditions doivent êtres réunies : d'abord une atteinte à la propriété immobilière[562] ; ensuite une « mainmise » [563] temporaire ou permanente de l'administration sur la propriété ; et enfin une atteinte illégale constitutive d'emprise « irrégulière »[564].
La jurisprudence rappelle fermement que même en cas d'emprise irrégulière, l'autorité judiciaire ne peut pas faire cesser le trouble – à la différence de la voie de fait – ni prononcer des injonctions ou des astreintes à l'égard de l'administration[565].

Le fondement théorique de l'emprise, souffre de pertinence. Il est à noter que le Tribunal des conflits emploie des formules identiques pour fonder la compétence du juge judiciaire en matière d'emprise et de voie de fait : « la protection de la propriété privée rentre essentiellement dans les attributions de l'autorité

---

561 TC, 17 mars 1949, *Société Hôtel du Vieux Beffroi*, précité.
562 TC, 20 avril 1959, *Dame Pégheon*, Lebon p 867.
563 Expression empruntée au Commissaire de gouvernement Romieu, dans ses conclusions sous :
TC, 24 décembre 1904, *Montlaur*, Lebon p 888.
564 Cass., civ., III, 20 novembre 1970, *Commune de Jarrier*, Bull. civ., III, n°630.
565 Cass., civ., I, 9 juin 1970, *Consorts Maurel c/ EDF*, *Bull. civ.*, I, n°195.

judiciaire »[566]. Alors que le Conseil constitutionnel ne fonde la compétence exclusive du juge judiciaire qu'en matière d'indemnisation d'une dépossession ou d'une expropriation[567].

Ajoutons à cela que l'emprise irrégulière fonde également une de ses justifications juridiques dans la théorie de l'expropriation indirecte[568], qui fut par ailleurs abandonnée en 1994[569]. Les soubassements théoriques de la notion se fragilisaient, et l'évolution croissante du juge administratif des référés depuis la réforme du 30 juin 2000, a conduit à un bouleversement de la notion d'emprise irrégulière.

Devant l'évolution du contentieux administratif et dans l'intérêt d'une bonne administration de la justice, la notion d'emprise devait à son tour évoluer, pour une meilleure lisibilité du contentieux.

La jurisprudence *M. et Mme. Panizzon* de 2013 est venue rebattre les cartes de la vieille théorie de l'emprise irrégulière :

---

[566] On trouve cette formule pour la voie de fait dans l'arrêt TC, 4 juin 1940, *Société Schneider*, n°875, Lebon p 248 ; mais également en matière d'emprise irrégulière dans TC, 5 juin 2002, *M. et Mme Binet c/ Electricité de France*, n°3287, Lebon p 544.

[567] Cons. const., 13 décembre 1985, n°85-198, *précité*.

Enonçant qu'« aucun principe de valeur constitutionnelle n'impose que, en l'absence de dépossession, l'indemnisation des préjudices causés par les travaux ou l'ouvrage public [...] relève de la compétence du juge judiciaire ». Par raisonnement inverse, lorsqu'il y a dépossession, alors compétence exclusive du juge judiciaire pour l'indemnisation.

[568] BOITEAU (C.), « Les avatars de l'expropriation dite "indirecte" », *RFDA* 1994, p 1121.

[569] La théorie de l'expropriation indirecte fut solennellement abandonnée dans l'arrêt : Cass, civ., 6 janvier 1994, *Baudon de Mony. précité*.

Voir à ce sujet l'étude de Pierre Sablière, in., SABLIERE (P.), « L'abandon de la théorie de l'expropriation indirecte : l'affaire Baudon de Mony », *CJEG* 1994, p 413.

> « *Le juge administratif, compétent pour statuer sur le recours en annulation d'une telle décision et, [...] pour adresser des injonctions à l'administration, l'est également pour [...] la réparation [...], hormis le cas où elle aurait pour effet l'extinction du droit de propriété* »[570].

Dès lors quelles sont les conséquences de la nouvelle définition de la voie de fait sur la répartition traditionnelle des compétences en matière d'emprise irrégulière ?
Par sa rédaction, le Tribunal des conflits vient de porter un coup fatal à cette théorie. Désormais, en réservant la compétence au juge judiciaire dans l'unique cas « d'extinction du droit de propriété », il supprime la théorie de l'emprise irrégulière au profit de la voie de fait. Le Professeur Delvolvé expliquait à ce titre que « l'exception finale de l'arrêt *Panizzon* ne serait autre que celle de l'arrêt *Bergoend* »[571].
L'emprise irrégulière n'existe plus, « la théorie a vacillé et chuté, emportée par ses propres infirmités théoriques et, surtout selon nous, pratiques »[572]. Dès lors, quand elle sera caractérisée, elle sera *de facto* transformée en une voie de fait. Elle est désormais, pour reprendre les mots de Maurice Hauriou « une pièce de musée [...], une merveille de l'archéologie juridique »[573].

Après le contentieux des libertés fondamentales, il y a eu une nouvelle unification contentieuse dans les mains du juge administratif, avec la notion d'emprise. Ceci allant

---

570 TC, 9 décembre 2013, *M. et Mme Panizzon c. Commune de Saint-Palais-sur-mer*, req. n° 3931, publié au Lebon.
571 DELVOLVE (P.), « De la voie de fait à l'emprise : nouvelle réduction de la compétence judiciaire », *RFDA* 2014, p 61.
572 BRETONNEAU (A.), LESSI (J.), « L'emprise irrégulière tire sa révérence », *AJDA* 2014, p 216.
573 HAURIOU (M), note sous CE 29 novembre 1912, *Boussuge*.

de pair avec les évolutions récentes en matière d'atteinte au droit de propriété. Une unification qui n'aurait pas vu le jour sans la récente transformation de la voie de fait inhérente à sa nouvelle qualification juridique, comme l'exprime Aurélie Bretonneau et Jean Lessi : « cette volonté de recentrage, qui sous-tend implicitement le précédent *Bergoend*, est explicitée dans la décision *M. et Mme Panizzon* »[574].

L'arrêt *Bergoend*, a initié l'abandon de la théorie de l'emprise irrégulière, après avoir conduit à extraire la voie de fait du contentieux des ouvrages publics « mal plantés » au profit du juge administratif, participant ainsi de l'uniformisation de son contentieux.

574 BRETONNEAU (A.), LESSI (J.), « L'emprise irrégulière tire sa révérence », *op.cit.*

Chapitre 2 – La réduction quantitative de la compétence judiciaire sur la voie de fait

La requalification juridique de la voie de fait, si elle participe d'une unification contentieuse pour le juge administratif, va conduire à une réduction significative de la compétence du juge judiciaire en matière de voie de fait. Il ressort de ce bouleversement jurisprudentiel des incertitudes inhérentes à cette nouvelle requalification (Section 1), qui conduiront à se poser la question de savoir ce qu'il reste d'exclusif en cette matière, pour l'autorité judiciaire (Section 2).

Section 1 – Les incertitudes inhérentes à la nouvelle redéfinition de la voie de fait

Le Tribunal des conflits, en donnant une assise juridique à la voie de fait, a entendu supprimer de sa définition la *gravité de l'atteinte* (**§1**). L'amenuisement de la notion, devrait réduire le contentieux de la voie de fait au point de se demander, à la lecture du contentieux post-*bergoend*, si une voie de fait pourra encore être caractérisée (**§2**).

§ 1 – La suppression de « l'atteinte grave » en tant qu'élément constitutif de la notion :

Jusqu'à ce que le Tribunal des conflits donne une assise juridique à la voie de fait, celle-ci se définissait par une « atteinte grave » au droit de propriété ou à une liberté fondamentale. L'arrêt *Bergoend,* aurait alors pu être rédigé comme suit : « une atteinte grave à une liberté individuelle ou conduisant à l'extinction du droit de propriété ».

Alors que « l'atteinte grave était jusqu'alors présentée comme une condition nécessaire à l'existence d'une voie de fait »[575], le Tribunal des conflits entend supprimer l'épithète « grave », de la définition de la voie de fait en tant qu'élément constitutif de la notion, ainsi, le juge n'aura plus à rechercher cette condition.

L'atteinte grave, qui devait être retenue par le juge pour qualifier la présence de la voie de fait, pouvait révéler en réalité une des faiblesses de la notion, tant la subjectivité – inhérente au juge – lorsqu'il devait admettre le degré de « gravité » de l'atteinte, conduisait irrémédiablement à « des problèmes délicats d'interprétation »[576].
La jurisprudence judiciaire est particulièrement éclairante concernant cette subjectivité du juge. A titre d'exemple, le Tribunal de Grande Instance[577] ainsi que la Cour d'appel de Paris[578], ont pu faire référence à la *gravité* de l'atteinte dans de nombreuses décisions. Quant à la Cour de cassation, elle a pu considérer que la gravité n'avait pas à être recherchée dans l'atteinte à une liberté fondamentale[579]. Une solution illustrant les propos du Professeur Touvet selon lesquels : « Nous n'imaginons pas

---

575 MOREAU (J.), « Voie de fait : Répertoire du contentieux administratif », *Dalloz*, § 19 et s.

576 *Ibid.*, § 34.

577 TGI Paris, réf., 29 juin 1994, *UDAF c/ Ministre de l'Intérieur*, *G.P.*, 25 août 1994, p 587 ; TGI Paris, 25 mars 1992, *Levelt c/ Ministre de l'Intérieur*, *D.*, 1993.47.

578 CA Paris, 10 avril 1990, *Valbon es qualités c/ SA Roussel-Uclaf*, *JCP 1990.II. 21555. Note B. Pacteau.*

579 Cass. Soc., 28 novembre 1995, *UTE-UGTG c/ EDF*, CDRom Lexilaser, n°94-60.567.
« Attendu que la voie de fait se définitif comme un acte manifestement insusceptible de se rattacher à un pouvoir […], et portant atteinte au droit de propriété ou à une liberté fondamentale ».

qu'une atteinte à une liberté fondamentale puisse n'être pas grave »[580].

En l'absence d'une telle qualification, le juge ne pouvait intervenir au titre de la voie de fait, et le justiciable se trouvait lésé dans son droit à réparation du préjudice subi et, par voie de conséquence, « l'atteinte grave » demeurait une source d'incertitudes.

Nombreux sont les exemples jurisprudentiels attestant de la considération selon laquelle les atteintes minimes au droit de propriété ou à une liberté fondamentale ne peuvent pas être qualifiées de voie de fait.
Ainsi, n'ont pas constitué une atteinte suffisamment grave au droit de propriété : la prise de possession par une Commune d'un terrain appartenant à l'Etat et destruction des ruines d'un sémaphore sur lequel le concessionnaire ne possédait qu'un droit d'occupation précaire[581] ; lorsque le requérant n'est pas propriétaire des parcelles litigieuses[582] ; lorsqu'il y a bien une atteinte au droit de propriété mais à laquelle le propriétaire a consenti à l'intervention de la puissance publique[583] ; l'institution irrégulière d'une servitude n'entrainant pas de dépossession[584] ; un arrêté municipal qui était censé interdire l'entrée aux gens du voyage, qui avait également

[580] TOUVET (L.), Conclusions s/ CE, sect., 18 janvier 2001, *Commune de Venelles c/ M. Morbelli*, *op.cit.*p 385.
[581] Cass., 1ère civ., 27 mai 1975, *Bull. civ.* I, n°178 ; CE, 8 mai 1968, Thorel, Rec. Leb p 285.
[582] Cass., 1ère civ., 1er décembre 1999, *Bull. civ.* I, n°332.
[583] Cass., 1ère civ. 30 mars 1971, *Bull. civ*, I, n°110 ; Cass., 1ère civ., 9 mars 1982, Bull. civ. II, n°88.
[584] Cass., 3ème civ., 3 novembre 1981, *Bull. civ.*, III.

conduit à empêcher l'accès aux propriétaires des terrains, était alors constitutif d'une voie de fait[585].
Ne remplissait pas non plus les critères d'une atteinte suffisante à une liberté fondamentale, la suspension d'un abonnement téléphonique [586] ; un arrêté fermant momentanément la circulation dans Paris[587] ; etc.

Si le Tribunal des conflits a entendu supprimer la *gravité de l'atteinte* de la définition de la voie de fait, est-ce à dire qu'il a également voulu qu'une voie de fait puisse être caractérisée, à titre d'exemple, par une simple atteinte à la liberté individuelle ?
La réponse semble être négative, cependant le raisonnement est plus complexe que ce simple constat. En effet, on se souvient des différents travaux parlementaires[588] qui ont entendu établir deux procédures distinctes – le référé-liberté et la voie de fait – pour cantonner les deux procédures, tout en recentrant la voie de fait sur les atteintes les plus graves[589], et ainsi laisser les atteintes moindres au juge administratif des référés. La doctrine s'est bien interrogée en ce sens à l'image de Charles Dubreuil qui écrivait : « Il est peu probable que le Tribunal des conflits [...], ait [...] étendu à ce point la compétence judiciaire à l'ensemble des atteintes, même les moins graves »[590].

---

585 Cass., 1ère civ., 28 novembre 2006, n°1707, *AJDA* 2006. 2421, obs. de Monteclerc.
586 TC, 15 avril 1991, *Préfet de la région Lorraine*, Lebon, p 463.
587 TGI Paris, réf., 9 aout 2001, *Gaz Pal.*, 2001.2, somm. 1272, note J.G.M.
588 voir *Supra*, P1, T2, Ch 1, Sect. 1, §1.
589 MOUTOUH (H.), « La voie de fait dans le projet de loi relatif au juge administratif des référés : la folle du logis enfin domestiquée ? » ; *D.* 1999, n° 25, p. 1.
590 DUBREUIL (Ch-A.), « La voie de fait nouvelle est arrivée », *op. cit.*. p 13.

Bien évidemment, la suppression de la gravité de l'atteinte n'a aucune influence sur le droit de propriété puisque l'extinction de ce droit est grave, par essence. Au demeurant la doctrine s'est interrogée sur la liberté individuelle : « L'absence se justifie peut-être par le fait qu'une atteinte à la liberté individuelle est, si elle est vraiment une atteinte, le plus souvent grave »[591].
Force est de constater, que la suppression du critère de la « gravité de l'atteinte » n'aurait aucune influence sur l'aspect pratique de la voie de fait, puisque finalement la gravité de l'atteinte subsisterait toujours de manière implicite, et serait inhérente à l'atteinte portée à une liberté individuelle ou à l'extinction du droit de propriété, dans le cadre de la voie de fait.

Ainsi, la réception de la nouvelle requalification juridique par le juge judiciaire, semble, dans l'aspect contentieux, diminuer considérablement son champ de compétence. De telles restrictions – inhérentes à cette requalification – amènent à se demander si une voie de fait pourra encore être caractérisée dans un contentieux post-*bergoend.*

§ 2 – La période post-Bergoend : la fin d'une caractérisation de la voie de fait

Le Tribunal des conflits a entendu préserver sa propre création jurisprudentielle, alors que la doctrine à l'image de Ronny Abraham considère depuis longtemps qu' « une fois comblée la plus grave lacune dont souffre aujourd'hui

---

591 BRETONNEAU (A.), DOMINO (X.), « La voie de fait mise au régime sec », *op.cit.* 1571.

notre contentieux administratif [le référé], il sera temps de sonner le glas [...], de la théorie de la voie de fait »[592].
En effet, nombreux sont les membres de la doctrine, qui ont considéré que la réduction de la notion opérée par le Tribunal des conflits conduirait à faire disparaître la voie de fait non pas directement par une décision du Tribunal des conflits[593], mais *de facto*, par l'absence de saisine du justiciable[594]. Par ailleurs, plusieurs facteurs semblent participer de cette considération, puisque désormais le juge judiciaire ne pourra plus outrepasser les limites de sa compétence juridictionnelle ; et le justiciable sera plus enclin à saisir le juge administratif[595] qui ne craindra plus de se voir opposer une déclaration d'incompétence, ceci participant d'une « bonne administration de la justice »[596].

Les nouvelles limites posées par l'arrêt *Bergoend* pourraient, à l'avenir, conduire à évincer la voie de fait des prétoires. En effet, l'application contentieuse des limites réalisées par ledit arrêt, reste pour l'heure assez faible pour en tirer une conclusion définitive. Cependant, on peut constater que la Cour de cassation – poussée dans ses retranchements de compétence constitutionnelle – ne semble plus retenir la présence d'une voie de fait.

---

592 ABRAHAM (R.), « L'avenir de la voie de fait et le référé administratif », *op.cit.*, p 13.

593 GLINIASTY DE (J.), « De Madame B. à Monsieur B. : la voie de fait dans l'impasse », *Les Petites Affiches*, 2013, n°175, p 13.

594 Voir l'article de Bertrand Seiller, in, SEILLER (B.), « La voie de fait, en voie de disparition de fait ? », *op.cit.* , 01/10/2013.

595 DELVOLVE (P.), « Référé-liberté et voie de fait », *R.F.D.A.*, 2013 p. 305.

596 Cons. Const., 23 janvier 1987, n°86-224 DC, dite « Loi transférant à la juridiction judiciaire le contentieux des décisions du Conseil de la concurrence », cons. 16.
Le Conseil constitutionnel énonce « l'intérêt d'une bonne administration de la justice ».

Dans l'arrêt *Panizzon* du 9 décembre 2013[597], la Cour de cassation ne retient pas la voie de fait, puisque l'atteinte portée par l'administration ne peut constituer une « dépossession définitive » qui conduirait corrélativement à l'extinction du droit de propriété, rejoignant les propos de Simon Gilbert qu'il énonce que : « le juge judiciaire donne [...] l'impression d'abdiquer le rôle historique qui a été le sien, durant deux siècles, de gardien de la propriété privée immobilière »[598].

La doctrine semble considérer que le contentieux post-*bergoend*, pourrait s'analyser comme un détachement du juge judiciaire de l'ancestrale voie de fait, par la mise en œuvre du principe de séparation constitutionnelle des ordres de juridictions. Ceci mettant en lumière les propos de Pierre Delvolvé lorsqu'il écrit que la nouvelle définition fait : « tomber tout un champ de l'ancienne voie de fait dans la compétence administrative »[599].
Allant au delà de l'arrêt *Panizzon* – qui ne concernait qu'indirectement la voie de fait – la Cour de cassation dans un arrêt du 13 mai 2014 prend une nouvelle fois acte de la requalification juridique de l'arrêt *Bergoend* qui, pour le Professeur Roseline Letteron est « une décision qui tire les conséquences de l'évolution de la voie de fait [...] »[600].

Au cas d'espèce, la Commune d'Uzerche a installé plusieurs éclairages, et a modifié le cloutage du sol faisant

---

[597] TC, 9 décembre 2013, *M. et Mme Panizzon c. Commune de Saint-Palais-sur-mer*, req. n° 3931.
[598] GILBERT (S.), commentaire sous l'arrêt Bergoend, « restriction de la voie de fait », *DA*, 2013, n°12, p 8.
[599] DELVOLVE (P.), « Voie de fait : limitation et fondements », *op.cit.*, p 11.
[600] LETTERON (R.), « La voie de fait : une peau de chagrin ? », *Droit et justice*, 10 juin 2014.

entrer, par voie de conséquence, la terrasse – privée – de Monsieur et Madame X dans le domaine public.
La Cour de cassation refuse d'y voir une voie de fait, et affirme que la compétence n'est pas de la juridiction judiciaire – mais du juge administratif – alors que la Cour d'appel de Limoges en 2012 avait conclu en la présence d'une voie de fait. La Cour de cassation, tenant compte de la requalification juridique de la notion de l'arrêt *Bergoend*[601], conclu en la compétence du juge administratif, et en l'absence d'une voie de fait.

Cet arrêt du 13 mai 2014 est pour Rémi Grand, une application pure et simple de la jurisprudence du Tribunal des conflits par la Cour de cassation, et illustre « le rétrécissement de son champ par l'exigence d'une *extinction d'un droit de propriété* »[602]. Par voie de conséquence, en l'absence d'une extinction de ce droit l'arrêt de la Cour d'appel de Limoges est censuré :

> « *[…] En statuant ainsi, alors qu'il résultait de ses propres constatations qu'aucun de ces agissements n'avait abouti à l'extinction du droit de propriété de l'intéressée, la Cour d'appel a violé le texte susvisé* »[603].

Cet arrêt illustre la considération selon laquelle, si la voie de fait se définit aujourd'hui non plus à partir d'une justification pratique, mais par une justification juridique

---

601 GAUDEMONT, DE, (Ch.), « Illustration du resserrement du champ de la voie de fait », *Dalloz actualité*, 21 mai 2014 ; Commentaire sur Cass., 1ère civ., 13 mai 2014, req. n°12-28-248.
602 GRAND (R.), « La Cour de cassation face au rétrécissement de la voie de fait », *AJDA* 2014, p 1006 ; Commentaire sur Cass., 1ère civ., 13 mai 2014, req. n°12-28-248.
603 Cass., 1ère civ., 13 mai 2014, req. n°12-28-248 ; point n°4.

dotée de solides assises constitutionnelles, elle pourrait bien entrainer la disparition de fait de la notion.
Ce mouvement participe finalement de l'interrogation que soulevait Xavier Domino à l'égard du contentieux de la voie de fait après l'arrêt *Bergoend* : « cette décision est-elle le dernier chapitre de l'histoire ou bien [...] n'est ce pas là que le prélude à une longue agonie dont l'issue est inéluctable ? »[604]. En tout état de cause, *l'unification* des fondements juridiques de la voie de fait a permis de préserver la notion, alors que son invocabilité contentieuse semble aujourd'hui relever de l'utopie.

Section 2 – La perte de la compétence exclusive du juge judiciaire en matière de voie de fait

Le Tribunal des conflits tout en octroyant des fondements juridiques à la voie de fait a, semble t-il, réduit la compétence judiciaire sur l'objet même de la notion.
Ainsi, l'incertitude entourant la cessation de l'acte ou de l'action constitutive de voie de fait (**§1**), tranche considérablement avec l'indemnisation qui demeure, aujourd'hui, l'ultime bastion de l'exclusivité de l'autorité judiciaire (**§2**).

§ 1 – Le Tribunal des conflits à l'origine d'une ambiguïté sur la cessation de la voie de fait :

La décision du Tribunal des conflits de donner une assise juridique à la voie de fait, en faisant reposer la compétence du juge judiciaire sur des fondements

---

604 BRETONNEAU (A.), DOMINO (X.), « La voie de fait mise au régime sec », *op.cit.*. 1572.

constitutionnels, peut apparaître comme une répartition harmonieuse des compétences [605] , attendue depuis longtemps.
Cependant, la rédaction de l'arrêt *Bergoend* « laisse en réalité perdurer de nombreuses incertitudes antérieures quand bien même la répartition entre les deux ordres juridictionnels pourrait apparaître comme simplifiée »[606].
En effet, le Tribunal des conflits entend préserver le dualisme juridictionnel en mentionnant par une formule, équivoque de surcroit, selon laquelle l'autorité judiciaire est compétente en matière de voie de fait « pour en ordonner la réparation ou la cessation »[607].

Il est vrai que le constat d'un acte constitutif de « voie de fait » appartient aux deux ordres juridictionnels [608], puisque l'acte est *inexistant* en droit, et il appartient « tant à la juridiction administrative qu'à l'autorité judiciaire de constater cette nullité »[609]. Ainsi l'acte sera, par voie de conséquence, déclaré nul et non avenu voire « nul et non effet »[610].
La plénitude de compétence pour prévenir, faire cesser et réparer le dommage causé par la voie de fait à l'administré relevait, jusqu'à la décision *Commune de Chirongui*, de l'entière compétence du juge judiciaire par dérogation au principe de séparation des juridictions.
La doctrine rappelait que cette ordonnance tenait compte de l'immense travail accompli par le juge administratif, et

---

605 Voir Etude de Jacques Moreau, *précité.*

606 BIAGINI-GIRARD (S.), « La voie de fait : jeu set et match ? », *J.C.P.G.*, 2013, 1057, p 1851.

607 TC, 17 juin 2013, *M. Bergoend c/ Société ERDF Annecy Léman*, *précité*, cons. 2.

608 TC, 27 juin 1966, *Guigon*, Lebon p 476.

609 *Ibid.*

610 CE 4 mai 1988, *Plante*, n°60590.

qu'il était devenu le pendant du juge judiciaire dans la protection des libertés et du droit de propriété des administrés, victimes d'une atteinte grave de l'administration. A ce titre, le Professeur Delvolvé rappelle que la compétence de principe du juge judiciaire en matière de cessation de l'atteinte « n'a jamais été complètement exclusive [...] elle n'a été réservée à l'ordre judiciaire que pour le contentieux de la réparation, elle ne l'a pas été pour les autres contentieux »[611].

Cependant, le Tribunal des conflits qui souhaite recentrer l'office du juge judiciaire sur son noyau constitutionnel de compétence, emploi une formule équivoque qui nourrit le paradoxe. Deux approches peuvent permettre de comprendre la formule du Tribunal des conflits.

La première retiendrait l'exclusivité du juge judiciaire tant au niveau de la *réparation* que de la *cessation*. La voie de fait serait, comme l'évoque le Professeur Dubreuil « toujours présentée comme une exception au principe de la séparation des autorités »[612]. Cette vision va de pair avec la volonté des parlementaires qui ont entendu – par la réforme du 30 juin 2000 – maintenir la voie de fait pour les atteintes les plus graves.

Une approche de la formulation du Tribunal des conflits qui devrait s'entendre strictement quant à l'exclusivité des pouvoirs du juge judiciaire pour faire cesser et réparer une voie de fait. Une telle approche milite en faveur de l'abandon de la jurisprudence *Chirongui*, dès lors le juge administratif ne pourrait plus statuer sur une voie de fait pour y mettre fin. Ce dernier sera contraint d' « admettre

---

611 DELVOLVE (P.), « Référé-liberté et voie de fait », *R.F.D.A.*, 2013 p. 302.

612 DUBREUIL (Ch-A.), « La voie de fait nouvelle est arrivée », *op.cit.*, p. 13.

la compétence exclusive du juge judiciaire [car] la nouvelle définition de la voie de fait repose sur le respect de la compétence constitutionnelle des juges judiciaires » et terminant par conclure « le juge administratif ne saurait l'ignorer »[613].

La seconde approche de la formulation, amènerait à penser que le juge départiteur n'a pas entendu réserver l'exclusivité du juge judiciaire pour mettre fin à une voie de fait et ce, par l'ambiguïté de la rédaction. En effet, pourquoi le Tribunal des conflits entend déterminer la compétence du juge judiciaire au risque d'en retenir une définition à minima lorsqu'il proclame une compétence alternative qui oscille entre la cessation ou la réparation, « alors qu'il est incontestable et incontesté que le juge judiciaire conserve sa plénitude de juridiction et donc peut faire les deux successivement mais également les deux cumulativement et qu'il peut aussi préalablement constater la voie de fait ? »[614].
Une telle approche retient le fait que le Conseil d'Etat en plus d'avoir récupéré le contentieux des libertés fondamentales et des atteintes au droit de propriété n'emportant pas extinction de ce droit, « soit désireux de maintenir sa toute récente jurisprudence [Chirongui] et de continuer à user du référé-liberté en matière de voie de fait afin d'achever sa quête visant à obtenir le statut de gardien des libertés au même titre que le juge judiciaire »[615].

---

613 SEILLER (B.), « La voie de fait, en voie de disparition de fait ? », *R.J.E.P.*, 01/10/2013, p 7.
614 SLAMA (S.), « Le tribunal des conflits déshabille la "folle du logis" », *op.cit.*,, pp 4-5.
615 DUBREUIL (Ch-A.), « La voie de fait nouvelle est arrivée », *op.cit.*, p. 14.

Cependant, nous pourrions aisément penser que la pratique contentieuse ira au delà de la formule du Tribunal des conflits, et le juge administratif s'estimera compétent pour mettre fin à une voie de fait, tant il a à cœur de cultiver son image de protecteur des libertés et du droit de propriété. Au demeurant, même si cela relève de la pure prospective, rien n'empêche le juge administratif des référés de se reconnaître compétent pour « allouer une provision à une personne victime de voie de fait »[616].
Dès lors, si dans les textes jurisprudentiels la compétence pour faire cesser une voie de fait appartient au juge judiciaire, la pratique en prouvera le caractère suranné. A ce titre, Guillon-Coudray a considéré peu de temps après la réforme du 30 juin 2000 que « si la finalité de la voie de fait [la cessation], réside dans l'efficacité de l'intervention juridictionnelle, celle-ci n'est plus l'apanage du juge judiciaire »[617].

Ainsi, force est de constater que la compétence exclusive de l'autorité judiciaire demeure aujourd'hui, dans l'unique contentieux de l'indemnisation.

---

[616] Voir en ce sens. Article R. 541-1 du code de justice administrative, « peut, même en l'absence d'une demande au fond, accorder une provision au créancier qui l'a saisi lorsque l'existence de l'obligation n'est pas sérieusement contestable ». DELVOLVE (P.), « Référé-liberté et voie de fait », *précité.* p 305.

[617] GUILLON-COUDRAY (S.), *La voie de fait administrative et le juge judiciaire*, *op.cit.*, p 297.

§ 2 – L'indemnisation : dernier bastion de la compétence exclusive du juge judiciaire

Le doyen Vedel déclarait en 1950 que la compétence de principe du juge judiciaire « n'a jamais été complètement exclusive »[618].
L'ambiguïté de la compétence juridictionnelle quant à la faculté de faire cesser une voie de fait ne semble pas toucher « l'indemnisation », qui reste dans le giron exclusif du juge judiciaire. A ce titre, De la Vaissière développe l'idée selon laquelle « la définition de la voie de fait qui, lorsqu'elle est caractérisée, donne compétence à l'ordre judiciaire pour la sanctionner, n'a pas varié »[619].

La requalification juridique opérée par le Tribunal des conflits a laissé indemne ce chef exclusif de compétence dans les mains de l'autorité judiciaire, dans la mesure où l'atteinte porte sur une liberté individuelle – au sens de l'article 66 de la Constitution – ou si elle conduit à l'extinction du droit de propriété.
Au demeurant, si l'atteinte porte sur une liberté fondamentale ou n'aboutit pas à l'extinction du droit de propriété, le juge administratif demeure compétent pour l'indemnisation[620].

La compétence du juge judiciaire sur l'indemnisation en matière de voie de fait, s'inscrit dans un mouvement de compétence générale.

---

618 VEDEL (G.), « La juridiction compétente pour prévenir, faire cesser ou réparer la voie de fait administrative », *J.C.P. G.*, 1950, I, p 851.
619 LA VAISSIERE DE (F.), « Réparation d'une voie de fait émanant d'une personne publique », *A.J.D.I.*, 2007, p 412.
620 ERSTEIN (L.), « Le juge administratif et l'atteinte à la propriété privée », *op.cit.*

De nombreux textes mettent en avant l'obligation d'indemnisation en cas d'atteinte à la propriété[621], mais la compétence de l'autorité judiciaire demeure un élément tout à fait singulier. Comme le rappelle le Professeur Moreau « la compétence des tribunaux judiciaires [est] plénière et exclusive puisque, dans des domaines assez divers (réquisitions, expropriations, dépossessions, emprises irrégulières) […] leur vaut d'être compétents sur de nombreux problèmes d'indemnisation » [622] . Au demeurant, cet auteur qualifie de « véritable monopole »[623] cette compétence judiciaire, à laquelle il serait impossible de déroger [624] . Ainsi, la compétence judiciaire sur la réparation de l'atteinte causée par une voie de fait est exclusive, par assimilation aux compétences indemnitaires que détient l'autorité judiciaire sur d'autres cas d'atteintes au droit de propriété, hors les cas de voie de fait.

A titre d'exemples, le Conseil constitutionnel a reconnu la compétence exclusive du juge judiciaire en matière

---

621 Article L13-13 du Code de l'urbanisme : « Les indemnités allouées doivent couvrir l'intégralité du préjudice direct, matériel et certain, causé par l'expropriation ».
Article 17 DDHC : « La propriété étant un droit inviolable et sacré, nul ne peut en être privé, si ce n'est lorsque la nécessité publique, légalement constatée, l'exige évidemment, et sous la condition d'une juste et préalable indemnité ».
Article 545 DDHC : « Nul ne peut être contraint de céder sa propriété, si ce n'est pour cause d'utilité publique, et moyennant une juste et préalable indemnité ».

622 MOREAU (J.), « Voie de fait », *Répertoire du contentieux administratif, précité.* § 100.

623 *Ibid.* § 101.

624 Voir à titre d'exemple. TC, 15 février 2010, *Mme Tarahu*, n°10-03722, cons. 2.
Dans cet arrêt le Tribunal des conflits précise : « qu'en conséquence, il constitue une voie de fait ; que, dès lors, le litige introduit par Mme A pour obtenir l'indemnisation de ses préjudices consécutifs à cette voie de fait relève de la juridiction judiciaire ».

d'indemnisation en cas de dépossession[625] ; la loi de 1810 relative au régime de l'expropriation fixe le régime d'indemnisation en faveur du juge judiciaire[626].
Ou encore au sujet de l'emprise irrégulière, car si la juridiction administrative reste compétente pour se prononcer sur la légalité de l'acte administratif ainsi que pour faire cesser le trouble par une astreinte ou une injonction, l'indemnisation appartient au juge judiciaire[627].

Le Conseil d'Etat a d'ailleurs affirmé à plusieurs reprises, la compétence du juge judiciaire au sujet de l'indemnisation d'une atteinte causée par l'administration [628]. Par ailleurs cette compétence, n'a jamais été remise en cause par le Conseil d'Etat, qui a conclu en l'impossibilité pour le juge administratif des référés de statuer sur des conclusions indemnitaires[629].
A ce titre, le vice-président Jean-Marc Sauvé déclare que « le Conseil d'Etat a réaffirmé avec constance la compétence exclusive des tribunaux judiciaires pour

---

625 Cons. const., 13 décembre 1985, n°85-198 DC, « Loi relative à la communication audiovisuelle », cons. 15. « Aucun principe de valeur constitutionnelle n'impose que, en l'absence de dépossession, l'indemnisation des préjudices causés par les travaux ou l'ouvrage public [...] relève de la compétence du juge judiciaire ».
626 Loi du 8 mars 1810 relative au régime de l'expropriation.
627 TC, 17 mars 1949, *Société Hôtel du Vieux Beffroi, précité.*
628 Voir en ce sens. CE, 30 juillet 1949, *Depalle*, Lebon. p. 411 ; CE, 18 novembre 1949, *Carlier*, Lebon. p. 490 ; CE, 18 octobre 1989, *Brousse*, Lebon. p. 545.
629 CE, 3 mai 2012, *M. Malewu*, req. n° n°358795, cons. 6.
« Considérant que si M. A demande en outre la condamnation de l'Etat à lui verser une indemnité en réparation des dommages matériels et moraux qu'il estime avoir subis, de telles conclusions sont en tout état de cause manifestement irrecevables devant le juge des référés statuant sur le fondement de l'article L. 521-2 ... ».

connaître d'une action en réparation de l'ensemble des dommages résultant d'une voie de fait »[630].

Après le marasme opéré par l'ordonnance *Commune de Chirongui*, la doctrine s'interrogeait très légitimement sur ce qu'il restait d'exclusif pour le juge judiciaire en matière de voie de fait. Tous s'accordaient sur l'indemnisation[631].
Certes, la redéfinition juridique de la voie de fait par le Tribunal des conflits entendait laisser le juge administratif loin de l'orbite de la voie de fait, et notamment sur la faculté d'y mettre fin, mais la pratique – comme nous l'avons vu – en démontrera le contraire.
Force est ainsi de constater que l'ultime compétence que détient le juge judiciaire, exclusive de surcroît, demeure la compétence indemnitaire.

Cependant, la Cour de cassation dans un arrêt de 2009 a entendu affirmer que « la seule constatation d'une voie de fait ouvre droit à réparation »[632]. Les observateurs, à l'image de Raymond Auteville, y voient une évolution de la responsabilité civile[633], qui serait marquée par la montée en puissance de ce que le Professeur Viney nomme « l'idéologie des droits de l'homme »[634]. Cette auteur expliquait que cette idéologie « a pénétré très

---

630 SAUVÉ (JM.), « L'acte administratif sous le regard du juge judiciaire », intervention lors d'un colloque de la Cour de cassation, 4 avril 2014.
631 Voir à titre d'exemples. PAULIAT (H.), « Le juge du référé-liberté a-t-il mis fin aux jours de la « folle du logis » ? », *JCP A* 2013. 2047 ; BRETONNEAU (A.), DOMINO (X), « La fée du logis ? », *op.cit.*
632 Cass. 3e civ, 9 sept. 2009, n° 08-11.154, *JurisData*, n° 2009-049392.
633 http://www.blogavocat.fr/space/raymond.auteville/content/indemnisation-de-la-voie-de-fait_29f60637-358e-4f1b-94cd-337bcab1b038.
634 Formule empruntée au professeur Viney, in, *Introduction à la responsabilité*, LGDJ, 3ème éd., 2008, n°56-2.

profondément la conscience collective, de sorte que les juridictions nationales sont tout naturellement portées désormais, lorsqu'elles constatent une atteinte à un droit qu'elles considèrent comme fondamental, à ordonner la cessation de cette atteinte et même à indemniser la personne qui l'a subie, sans vérifier l'existence des conditions ordinaires de la responsabilité civile … »[635].

Pour l'heure, l'indemnisation de la voie de fait, demeure l'ultime chef de compétence exclusif du juge judiciaire. Mais si cette évolution venait à se préciser, la voie de fait pourrait disparaitre *de facto*, engloutie par la compétence de l'Autorité administrative qui, dans le but d'une meilleure protection des droits de l'Homme, se reconnaitrait compétente pour ordonner la cessation de la violation – au mépris de la compétence judiciaire sur la voie de fait – et, par voie de conséquence, en fixer l'indemnisation.

---

[635] *Ibid.*

CONCLUSION PARTIE II

La voie de fait, a toujours souffert de ses fondements théoriques, ce qui conduisait à ne l'appréhender que d'un point de vue essentiellement pratique. En effet, la théorie de la dénaturation de l'acte administratif a longtemps fait débat au sein de la doctrine, tant ce premier fondement théorique de la voie de fait semblait manquer de pertinence et ne parvenait pas à expliquer la compétence du juge judiciaire lorsque l'administration agissait en dehors de toute habilitation légale.

Par ailleurs, aucun fondement juridique ne permettait de conclure en la compétence de l'autorité judiciaire en matière d'atteinte au droit de propriété ou aux libertés fondamentales, si ce n'est une forme de coutume ou de tradition remontant à l'Ancien régime, arrivée jusqu'à nos jours sur la base d'une série de précédents jurisprudentiels. Le Tribunal des conflits par l'arrêt *Bergoend* passe outre ces difficultés, en dotant la voie de fait de solides assises juridiques constitutionnelles. Au demeurant, celui-ci maintient la théorie de la dénaturation de l'acte comme élément constitutif de la voie de fait, en ajoutant qu'elle ne sera désormais caractérisée que si l'administration porte une atteinte à la liberté individuelle ou conduit à l'extinction du droit de propriété et ce, en dehors de ses pouvoirs.

Désormais, la compétence judiciaire est justifiée par un noyau de compétences constitutionnelles, basé sur l'article 66 de la Constitution et sur la dépossession définitive du droit de propriété.

Cependant, si la voie de fait peut aujourd'hui se prévaloir d'une véritable assise constitutionnelle, les conséquences inhérentes à cette requalification juridique vont profondément perturber la répartition contentieuse au sein des deux ordres de juridictions.

En effet, une telle redéfinition aura pour conséquence d'unifier le contentieux du juge administratif, et de réduire l'office du juge judiciaire. Désormais toute atteinte au droit de propriété qui ne conduirait pas à l'extinction de ce droit, et toute atteinte à une liberté en dehors de la sûreté personnelle, sera du ressort de l'Autorité administrative.

Cette redéfinition contentieuse opérée par le Tribunal des conflits, conduira à faire perdre la compétence que possédait le juge judiciaire en matière d'emprise irrégulière, ainsi qu'en cas de voie de fait pour implantation irrégulière d'un ouvrage public. De plus, il verra également ses compétences restreintes sur l'objet-même de la voie de fait, au point de constater que seule l'indemnisation demeurera de sa compétence exclusive.

CONCLUSION GÉNÉRALE

Depuis près d'un siècle, la doctrine administrative s'interroge sur le maintien de la théorie de la voie de fait. Les difficultés inhérentes à la notion, qui ont posé la question de sa justification jusqu'à nos jours, subsistent encore mais ont évolué.

En effet, dès sa création en 1827 la voie de fait se justifiait d'un point de vue purement pratique, puisque seul le juge judiciaire disposait d'une procédure efficace de référé afin de défendre les libertés et le droit de propriété des administrés face à l'arbitraire administratif.

Cependant, si l'aspect pratique de la notion était indéniable, sa suppression était envisagée par de nombreux auteurs tant ses fondements juridiques manquaient de pertinence, et ne parvenaient pas à justifier pleinement ce chef de compétence judiciaire.

Dans l'optique d'une meilleure administration de la justice et devant l'immense travail accompli par le juge administratif dans la protection efficace des droits des citoyens, le Tribunal des conflits par l'arrêt *Bergoend*, a redéfini la notion en lui donnant une véritable assise constitutionnelle. Dès lors, on peut aujourd'hui considérer que la voie de fait ne se justifie plus d'une manière pratique, puisque finalement les deux ordres de juridictions ont des outils similaires de défense des libertés, mais par une assise juridique constitutionnelle à laquelle il serait impossible pour le juge administratif de déroger, du moins en théorie.

Ainsi a t-on assisté selon nous, à une inversion de justification de la théorie de la voie de fait, puisque désormais le maintien de cette notion se justifie d'abord d'un point de vue juridique, avant de ne se justifier que d'une manière purement pratique.

Si la voie de fait peut aujourd'hui se prévaloir de solides assises juridiques, l'aspect contentieux a été réduit au profit du juge administratif qui est devenu le juge de droit commun des libertés fondamentales et du droit de propriété. La pratique montrera que le justiciable sera plus enclin à saisir le juge administratif pour qu'il ordonne à l'administration de faire cesser l'atteinte causée aux libertés par l'administration, au mépris de la compétence judiciaire en matière de voie de fait. L'exclusivité de la compétence judiciaire, si aujourd'hui elle semble se maintenir au stade de l'indemnisation, pourrait encore être réduite en pratique, au point de disparaître. Ainsi, la voie de fait aurait disparu de fait, engloutie par l'activisme du juge administratif. Pour l'heure, la notion existe encore mais demeure considérablement réduite : « frappée de narcolepsie, telle la belle au bois dormant, la voie de fait ne sortira de sa léthargie que lorsqu'une conjoncture astrale exceptionnelle se présentera »[636].

---

636 SLAMA (S.), « Le tribunal des conflits déshabille la folle du logis », *R.E.V.D.H.*, 2013, p 10.

BIBLIOGRAPHIE GÉNÉRALE

I. OUVRAGES GENERAUX, MANUELS :

BURDEAU (G.), *Les libertés publiques*, Paris, *L.G.D.J.*, 1972, p 457 p.

BURDEAU (F.), *Histoire du Droit administratif*, Paris, PUF, 1er éd., 1995, p. 452.

BIOY (X), *Droits fondamentaux et libertés publiques*, Paris Montchrestien-lextenso, édition 2013, 661 p.

CHAPUS (R.), *Droit administratif général*, 14ème éd., 2000, t.1, n°1087, 1427 p.

CHAPUS (R.), Droit du contentieux administratif, Paris Montchrestien, Domat droit public, 13ème édition, 2008, 1540 p.

DELVOLVE (P.), *Le droit administratif*, 3ème éd., Dalloz, coll., Connaissances du droit, 2002, 156 p.

DUMONT (G.) ; LOMBARD (M.) ; SIRINELLI (J.), *Droit administratif*, Dalloz, 10ème éd, 2013, 652 p.

FAVOREU (L.), GAIA (P.), GHEVONTIAN (R.), MELIN-SOUCRAMANIEN (F.), PENA (A.), PFERSMANN (O.), PINI (J.), ROUX (A.), SCOFFONI (G.), TREMEAU (J.), *Droit des libertés fondamentales*, précis Dalloz, 6ème édition, 2012, 701 p.

FOILLARD (P.), *Droit administratif*, 2ème édition, Larcier, Collection paradigme, 450 p.

FRIER (PL.) ; PETIT (J.), *Droit administratif*, LGDJ lextenso édition, Domat droit public, 8ème éd, 2013, 634 p.

HAURIOU (M.), *Précis élémentaire de droit administratif*, Recueil Sirey, 1929, 2ème éd, 534 p.

HAURIOU (M.), *Précis de droit administratif et de droit public*, 12ème éd., 1933, rééd. Dalloz, 1150 p.

LEBRETON (G.), *Droit administratif général*, Dalloz, 7ème éd, 2013, 591 p.

MORAND-DEVILLERS (J.), *Droit administratif*, LGDJ lextenso édition, 13ème éd, 2013, 800 p.

ODENT (R.), *Contentieux administratif*, Les cours de droit, fasc. I, IEP Paris, 1981, 1051 p.

PACTEAU (B.), *Contentieux administratif*, PUF, 1985, 530p.

RIVERO (J.), *Libertés publiques*, Paris PUF, 1973, 271 p.

RIVERO (J.), *Droit administratif*, Dalloz, 1985, 645 p.

ROUAULT (MC.), *Droit administratif et institutions administratives*, Collection paradigme, 1ère éd, 459 p.

SEILLER (B.), *Droit administratif*, Champs université, 5ème éd, 345 p.

TRUCHET (D.), *Droit administratif*, Thémis PUF droit, 5ème éd, 2013, 476 p.

VEDEL (G.), *Droit administratif*, Thémis droit public, PUF, 12ème éd, 1992, 802 p.

WALINE (M.), *Traité élémentaire de droit administratif*, Sirey, 6ème éd., 1963, 639 p.

II. OUVRAGES SPECIAUX :

BRAIBANT (G.) ; DELVOLVE (P.) ; GENEVOIS (B.) ; LONG (M.) ; WEIL (P.), *Les grands arrêts de la jurisprudence administrative*, Dalloz, 19ème éd, 2013, 1033 p.

DUEZ (P.), « La responsabilité de la Puissance Publique en dehors du contrat », 2ème éd., Librairie Dalloz », 1938, 342 p.

LAFERRIERE (E.), *Traité de la juridiction administrative et des recours contentieux*, Berger-Levrault, 2ème éd., t1, 1896, 709 p.

LACHAUME (J.F), *Droit administratif les grandes décisions de la jurisprudence*, PUF, 2010, collection thémis droit, 15ème éd, 1025 p.

GOYARD (C.), *La compétence des tribunaux judiciaires en matières administratives*, Ed. Montchrestien, 1962, 547 p.

LENOBLE, (J.), dir., *La crise du juge*, LGDJ, coll., La pensée juridique, 1990, 171 p.

MARRAUD (C.), *La notion de dénaturation en droit privé français*, Grenoble, PUF, 1974, 688 p.

PETIT (S.), *La voie de fait administrative*, PUF, coll. QSJ, 1995, 167 p.

POISSON (JM.), *Les droits de l'homme et les libertés fondamentales à l'épreuve de la dualité de juridiction*, collection l'Harmattan, logiques juridiques, 2003, 458 p.

III. THESES :

ARBUS (A.), *Etudes sur la voie de fait et ses sanctions dans l'ordre interne et international*, Thèse, 1925, 372 p.

AUBY (J.M), *La théorie de l'inexistence des actes administratifs*, Thèse Paris 1952, 351 p.

BIAGINI-GIRARD (S.), *L'inexistence en droit administratif*, Contribution à l'étude de la fonction des nullités, l'Harmattan, Thèse Aix-Marseille, 2010, 455 p.

COUZINET (P.), *La réparation des atteintes portées à la propriété privée immobilière par les groupements administratifs*, Thèse Paris, 1928, 340 p.

DEBARY (M.), *La voie de fait en droit administratif*, Thèse, Paris I, 1958, 178 p.

DESGRANGES (E.), *Essai sur la notion de voie de fait en droit administratif français*, Société française d'imprimerie et de librairie, 1937, 323 p.

DUEZ (P.), *La responsabilité de la Puissance Publique en dehors du contrat*, 2ème éd., Librairie Dalloz, Thèse, 1938, 342 p.

DUGRIP (O.), *L'urgence contentieuse devant les juridictions administratives*, PUF, coll. Les grandes thèses du droit français, 1991, 411 p.

FOSSIER (L.), *La notion de voie de fait en matière de réquisition pour logement*, Thèse droit, Paris, 1949.

GILBERT (S.), « Le juge judiciaire gardien de la propriété privée immobilière ». *Etude de droit administratif*, Mare et Martin, 2011, 947 p.

GOUTAGNY (J.), *La théorie des voies de fait*, Thèse Lyon, 1945, 128 p.

GOYARD (C.), *La compétence des tribunaux judiciaires en matières administratives*, Ed. Montchrestien, 1962, 547 p.

GUILLON-COUDRAY (S.), *La voie de fait administrative et le juge judiciaire*, thèse Paris II, 2002, 489 p.

LE BOT (O.), « La protection des libertés fondamentales par la procédure du référé-liberté », *L.G.D.J.*, 2007, 672 p.

SCHWARTZENBERG (RG.), *L'autorité de la chose décidée*, L.G.D.J., 1969.

TSIKLITIRAS (S.), *La protection effective des libertés publiques par le juge judiciaire en droit français*, thèse, Paris, L.G.D.J., 1991, 386 p.

VALSON (L.), *Contribution à l'étude de la voie de fait et de sa sanction en droit administratif français*, Th. Paris, 1945, 400 p.

VAN LANG (A.), *Juge judiciaire et droit administratif*, coll. « Bibliothèque de droit public », t. 183, Paris, *L.G.D.J.*, 1996, 333 p.

VIVIEN (A-C.), *L'autolimitation du juge administratif*, Thèse, Lille, 2005, p 111.

IV. COLLOQUES :

LACABARATS (A.), « Le référé », in *Le nouveau code de procédure civile : vingt ans après*, colloque des 11 et 12 décembre 1997, La documentation française, 1998, p 214.

RENOUX (T.-S), *Les garanties constitutionnelles de la répartition des compétences*, in La Cour de cassation et la Constitution de la République, colloque des 9 et 10 décembre 1994 (GERJC dir.), PUAM La documentation française, 1995, p. 111.

SAUVÉ (JM.), « L'acte administratif sous le regard du juge judiciaire », intervention lors d'un colloque de la Cour de cassation, 4 avril 2014.

V. DOCTRINE :

ABRAHAM (R.), « L'avenir de la voie de fait et le référé administratif », *L'Etat de droit*, mélanges en l'honneur de Guy Braibant, *Dalloz* 1996, p 1.

AMSELEK (P.), « Les vicissitudes de la compétence juridictionnelle en matière d'atteintes administratives à la liberté individuelle », *R.D.P.*, 1965. 801.

AUBY (J.M), « Emprise irrégulière et voie de fait », *J.P.(G)*. 1955, I, 1259.

AUBY (J.M), « Vers une nouvelle notion de la voie de fait », *R.D.P.*, 1989.922.

BACHELIER (G.), « Le référé-liberté », *R.F.D.A.*, 2002, p 261.

BAILLEUL (D.), « L'exécution d'office d'une démolition ordonnée par le juge ne peut constituer une voie de fait ». *R.D.I. – urbanisme,* n°12, 2009, Chroniques, p 669.

BARBIER (N.), « L'administration pénitentiaire prise au piège de la voie de fait », *D.*, 2002, p 2614.

BIAGINI-GIRARD (S.), « La voie de fait : jeu set et match ? », *J.C.P.G.*, 2013, 1057, p 1849.

BLAEVOET (C.), « Variations sur la voie de fait administrative », *D.* 1950, chron. 85.

BOCKEL (A.), « La voie de fait : mort et résurrection d'une notion discutable », *D.* 1970, chron.
p 29.

BOISSARD (S.), « Référé-liberté et voie de fait : à propos du droit de propriété », *R.F.D.A.*, 2004. 772.

BOITEAU (C.), « Les avatars de l'expropriation dite "indirecte" », *R.F.D.A.*, 1994, p 1121.

BORIES (A.), « Le baroud d'honneur de la voie de fait », *L.P.A.*, 2002, p. 23

BOUFFANDEAU (T.), « La délimitation de la compétence de la juridiction administrative par la jurisprudence du Tribunal des conflits, Livre jubilaire du Conseil d'État », 1954, *Sirey*, p. 143.

BOULOUIS (J.), « Supprimer le droit administratif ? », *Pouvoirs*, n°46, 1988, p 5.

BOUTAYEB (C.), « L'irrésistible mutation d'un principe : l'intangibilité de l'ouvrage public », *R.D.P.*, 1999, p 1449.

BRETONNEAU (A.), DOMINO (X.), « Dix ans d'urgences », *A.J.D.A.*, 2011. 1369.

BRETONNEAU (A.), DOMINO (X.), « La fée du logis ? », *A.J.D.A.*, 2013 p. 788.

BRETONNEAU (A.), DOMINO (X.), « La voie de fait mise au régime sec », *A.J.D.A.*, 2013. 1568.

BRETONNEAU (A.), LESSI (J.), « L'emprise irrégulière tire sa révérence », *A.J.D.A.*, 2014.

BRUNET (P.), « Juge judiciaire et libertés individuelles », *G.P*, 1996, p 2.

BURDEAU (F.), « Les crises du principe de dualité de juridiction », *R.F.D.A.*, 1990, p 274.

CASSIA (P.), « L'interprétation finaliste de l'urgence », *A.J.D.A.*, 2003, p 1173.

CHAPUS (R.), « Dualité de juridiction et unité de l'ordre juridique », *R.F.D.A*, 1990, p 739.

CHAUMONT (Ch.), « Esquisse d'une notion de l'acte juridictionnel », *R.D.P.*, 1942, p 93.

CHEMORIN (J.C), « Etat actuel et avenir de la notion de voie de fait », éditeur nc, 1963.

CHEVALLIER (J.), « L'interdiction pour le juge administratif de faire acte d'administrateur, *A.J.D.A.*, 1972, p 67.
CHEVALLIER (J.), « Du principe de séparation au principe de dualité », *R.F.D.A*, 1990, p 712.

CLAISSE (Y.) et CANO (J-A.), « Une loi peut faire le printemps ! (Premier bilan de l'application de la loi du 30 juin 2000 relative au référé devant les juridictions administratives) », *L.P.A.*, 9 avril 2001, n°70, p 5.

CLEMENT (N.), « Une perle rare : une voie de fait en droit des étrangers (le retour de la folle du logis », *C.P.D.H.*, 26 nov 2008.

COLLIN (P.), GUYOMARD (M.), « La loi du 30 juin 2000 n'a pas de conséquence sur la jurisprudence sur la voie de fait », *A.J.D.A.*, 2001 p. 143

COLLIN (P.), GUYOMARD (M.), « Le référé-liberté : les libertés concernées et le rôle du CE juge d'appel », *A.J.D.A*, 2001, p 153.

COSTA (J.P.), « Le juge et les libertés », *Pouvoirs*, n°84, p 75.

DAHER (A.), « La faillite de facto de la loi sur les astreintes administratives », *R.A.* 1992, p 409.

DEBBASCH (Ch.), « Déclin du contentieux administratif ? », *D.S.*, 1967, p 95.

DELVOLVE (P.), « Paradoxe du (ou paradoxe sur le) principe de séparation des autorités administrative et judiciaire », Mélanges R. Chapus, *Montchrestien*, 1992, p 135.

DELVOLVE (P.), « Droit de propriété et droit public », *L'Etat du droit, Mélanges en l'honneur de Guy Braibant, Dalloz* 1996, p 149.

DELVOLVE (P.), « Sécurité et sûreté », *R.F.D.A.*, 2011, p 1085.

DELVOLVE (P.), « Référé-liberté et voie de fait », *R.F.D.A.*, 2013 p. 299.

DELVOLVE (P.), « Voie de fait : limitation et fondements », *R.F.D.A.*, 2013. 1041

DELVOLVE (P.), « De la voie de fait à l'emprise : nouvelle réduction de la compétence judiciaire », *R.F.D.A.*, 2014, 61.

DELVOVE (J.), « Une crise du principe de la séparation des autorités administrative et judiciaires. La jurisprudence du Tribunal des conflits de 1946 à 1949 », *Conseil d'Etat, Etudes et documents*, 1950, p 21.

DENOIX DE SAINT-MARC (R.), « Le juge administratif et les libertés publiques », *R.F.D.A*, 2003.

DEREUX (C.), « La voie de fait est-elle toujours un acte de violence ? », *G.P.*, 1950-I.

DJIGO (A.), « Voies de fait commises par des tiers et garantie du bailleur ». (Code civil, Article 1725), *Loyers et copropriété*, 2001, n°5, p. 4.

DONNEDIEU DE VABRES (J.), « La protection des droits de l'homme par les juridictions administratives en France », *E.D.C.E.*, 1949, spé p 30.
DRAGO (R.), « Le juge judiciaire, juge administratif », *R.F.D.A.*, 1990 p 757.

DREYFUS (J-D.), « L'application par le juge judiciaire de la « jurisprudence établie » du juge administratif », *A.J.D.A.*, 2013, n°28, p. 1630.

DUBREUIL (Ch-A.), « La voie de fait nouvelle est arrivée », *J.C.P.A. adm et coll terr*, 14/10/2013.

DUGRIP (O.), « Les procédures d'urgence : l'économie générale de la réforme », *R.F.D.A.*, 2002, p 245.

DUPRE DE BOULOIS (X.), « Le référé-liberté pour autrui », *A.J.D.A.*, 2013.

EISENMANN (Ch.), « Le contentieux des atteintes arbitraires à la liberté et à la sécurité individuelle », *R.P.D.A.*, 1956, *Chronique*, p 9.

EISENMANN (Ch.), « La voie de fait en droit administratif », Préface de la thèse de M. DEBARY, LGDJ, 1960, p. III.

ERSTEIN (L.), « Le juge administratif et l'atteinte à la propriété privée », *J.C.P.A.*, n° 4, 27/01/2014, act. 90.

ESMEIN (A.), « La voie de fait en matière de réquisition de logement d'après la jurisprudence du tribunal des conflits », *G.P.*, 1947, p 34.

FAVOREU (L.), « La notion de liberté fondamentale devant le juge administratif des référés », *D.* 2001, *chron.* 1739.

FAVOREAU (L.), « Pour en finir avec la « théorie » des actes de gouvernement », Mélanges Pactel, *Dalloz*, 2003, p 607.

FAVRET (JM.), « Les procédures d'urgence devant le juge administratif après la loi du 30 juin 2000 », *D.A*, 2000, chron. 169.

FEVRIER (JM.), « Un projet de loi sur les procédures d'urgence », *D.A*, 2001, chron 9.

FINES (F.), « L'autorité judiciaire, gardienne de la liberté individuelle dans la jurisprudence constitutionnelle », *R.F.D.A.*, 1994, p 594.

FOULETIER (M.), « La réforme des procédures d'urgence : le nouveau référé administratif », *R.F.D.A.*, 2000, p 963.

FREJAVILLE (M.), « La protection de la propriété privée et de la liberté individuelle contre les réquisitions irrégulières de logement », *R.T.D.A.*, 1948, p 1.

FRIER (P-L.), « Un inconnu : le vrai référé administratif », *A.J.D.A.*, 1980, p 67.

GABOLDE (C.), « L'exception d'urgence en droit administratif », *D.*, 1952, chron. 47.

GAL (H.), « La juridiction compétente pour connaître des atteintes aux droits fondamentaux de la personne qu'il y ait ou non voie de fait administrative », *J.C.P* 1951. I. 927

GAUDEMET (Y.), « Les procédures d'urgence dans le contentieux administratif », *R.F.D.A.*, 1987, p 287.
GAUDEMONT, DE, (Ch.), « Illustration du resserrement du champ de la voie de fait », *Dalloz actualité*, 21 mai 2014.

GAVIN-MILAN OOSTERLYNCK (E.), « La voie de fait et l'emprise irrégulière sont de la compétence des juridictions judiciaires », *R.D.I.,* 2007. 346.

GENEVOIX (B.), « Le Conseil constitutionnel et le principe de séparation des autorités administrative et judiciaire », *R.F.D.A.*, 1987, p 287.

GILBERT (S.), « L'immixtion du référé-liberté dans le champ de la voie de fait : vers une perte de sens de la voie de fait », *D.A.*, 2013 n°3, p. 49.

GLINIASTY DE (J.), « De Madame B. à Monsieur B. : la voie de fait dans l'impasse », *L.P.A.*, 2013, n°175.

GRAND (R.), « La Cour de cassation face au rétrécissement de la voie de fait », *A.J.D.A.,* 2014, p 1006.

GROS (L.), « Théorie de la voie de fait : une évolution en forme de retour aux sources », *L.P.A.*, 20 mai 1997, p 7.

GROS (M.), « Ultime recours contre l'inexécution d'un acte administratif, le référé civil », *R.D.P.*, 2007, n°2, p 420.

GUETTIER (C.), « Injonction et astreinte », *Jcl. administratif*, fasc. 1114 (2, 1998), n° 22.

GUETTIER (C.), « L'administration et l'exécution des décisions de justice », *A.J.D.A.*, 1999, numéro spécial, *Puissance publique ou impuissance publique ?*, p 66.
HAMON (F.), MAISL (H.), « L'urgence et la protection des libertés contre l'administration », *D.*, 1982, chron. n° VII, p 49.

HOSTIOU (R.), « Voie de fait et droit à réparation », *A.J.D.I.*, 2010

HUET (P.), « La juridiction administrative gardienne de la liberté individuelle », *A.J.D.A.*, 1973, p 517.

HUET (P.), « L'évolution cyclique de la compétence administrative en matière de protection de la liberté individuelle », *A.J.D.A.*, 1973, p 19.

HUBAC (S.), ROBINEAU (Y.), « Droit administratif : vues de l'intérieur », *Pouvoirs*, n°46, 1988, p 113.

JORAT (M.), « Supprimer la justice administrative… deux siècles de débats » *R.F.D.A.*, 2008, p. 456.

KACI (M.), « Voie de fait : quo vadis », *L.P.A.*, 1997, n° 23, p 6.

LABETOULLE (D.), in, « débats » (Direction P. Wachsmann), in « le nouveau juge administratif des référés », p 88.

LABETOULLE (D.), « Le projet de réforme des procédures d'urgence devant le juge administratif »,

A.J.D.A., 1999, num sp., *Puissance publique ou impuissance publique ?*, p 79.

LABETOULLE (D.), « Le référé nouveau est arrivé », *A.J.D.A.*, 2001, p 211.

LACHAUME (JF.), « Droits fondamentaux et droit administratifs », *A.J.D.A.*, 1998, num sp., p 92.

LAFERRIERE (J.), « La raison de la proclamation de la règle de la séparation des autorités administratives et judiciaires », *Mélanges Paul Negulesco*, p 427.

LANVERSIN DE (J.), « Voies de fait et réalités », *J.C.P.*, 1970. I. 2337.

LATOUR (B.), *La fabrique du droit. Une ethnographie du Conseil d'Etat*, La Découverte, 2002, p 44.

LATOURNERIE (M.-A), « Réflexions sur l'évolution de la juridiction administrative française », *R.F.D.A.*, 2000, p. 928.

LA VAISSIERE DE (F.), « Réparation d'une voie de fait émanant d'une personne publique », *A.J.D.I.*, 2007, p 412.

LAVIALLE (Ch.), « Le juge administratif et l'exception de propriété », *R.F.D.A.*, 2004, p 497.

LAVIALLE (Ch.), « Voie de fait et domaine public », *R.F.D.A.*, 2000, p 1041.

LE BAUT-FERRARESE (B.), « Les procédures d'urgence et le langage du droit », *R.F.D.A.*, 2002, p 296.

LE BERRE (J.-M), « Les pouvoirs d'injonction et d'astreinte du juge judiciaire à l'égard de l'administration », *A.J.D.A.*, 1979.14.

LE BOT (O.), « Maintenir la voie de fait ou la supprimer ? Considération juridique et opportunité », *R.D.L.F.*, 2012, chron n°24.

LE BOT (O.), « Le juge administratif du référé-liberté compétent en matière de voie de fait », *J.C.P. A.*, 2013, n° 2048.

LECLERCQ (G.), « Le déclin de la voie de fait », *R.D.P.*, 1963, p 657.

LETTERON (R.), « La voie de fait : une peau de chagrin ? », *Droit et justice*, 10 juin 2014.

LE MIRE (P.), « Inexistence et voie de fait », *R.D.P.*, 1978.1219.

LLORENS (F.), « Le référé précontractuel entre continuité et changement », in *Le nouveau juge administratif des référés, Réflexions sur la réforme opérée par la loi du 30 juin 2000*, Annales de la faculté de droit de Strasbourg, p 27.

LOCHAK (D.), « Le droit administratif rempart contre l'arbitraire ? », *Pouvoirs*, n°46, 1988, p 43.

LOMBARD (M.), « Eloge de la « folle du logis » : la dialectique de la théorie de la voie de fait et du référé-liberté ». Mélanges Cohen-Jonathan, *Bruylant*, 2004, p 1125.

LONG (M.), « L'état actuel de la dualité de juridiction », *R.F.D.A.*, 1990, p 689.

MAITRE (MP.), « Le principe de l'intangibilité de l'ouvrage public », *L.P.A.*, 22/11/1999, p 5.

MALEVILLE (G.), « Voie de fait », *jurisclasseur droit administratif*, 1993, p 13.

MARCHESINI (G.), « L'application de l'article L.522-3 du code de la justice administrative dans le contentieux de la voie de fait », *A.J.D.A.*, 2005, p 1663.

MARKUS (JP.), « Le contrôle de l'existence et de la compétence juridictionnelle en maière de voie de fait », *L.P.A.*, 19/01/1988, p 15.

MEJAN (F.), « Référé administratif, sursis à exécution, expertise d'urgence », *R.A.*, 1954, p 261.

MEURISSE (R.), « Les sanctions des réquisitions constitutives de voie de fait », *G.P.*, 1942, Doct, p 42.

MEURISSE (R.), « La définition de la voie de fait d'après les arrêts du Tribunal des conflits du 17 mars 1949 et les arrêts du Conseil d'État du 30 juillet 1949 », *Gaz. Pal.* 1950.2, doctr. 28.

MODERNE (F.), « Sur le nouveau pouvoir d'injonction du juge administratif », *R.F.D.A.*, 1996,
p 43.

MODERNE (F.), « Le référé-liberté devant le juge administratif », in, *Le nouveau juge administratif des référés. Réflexions sur la réforme opérée par la loi du 30 juin 2000*, PU de

Strasbourg, 2002, *ann. de la Faculté de droit de Strasbourg*, p 131.

MODERNE (F.), « Vers une culture de l'urgence dans le contentieux administratif ? », *D.*, 2001, p 3283.

MONTECLERC DE (M-Ch.), « Le juge administratif du référé-liberté est compétent pour faire cesser une voie de fait », *A.J.D.A.*, 2013, p 199.

MONTEILLET (I.), « Le rôle de la voie de fait dans la protection des libertés », Paris, édité par l'auteur, 2000.

MOREAU (J.), « Voie de fait », *Répertoire du contentieux administratif*, 2013, n°6.

MOREL (C.), « Une prise de possession irrégulière constitue une voie de fait ouvrant droit à réparation », *Revue de droit immobilier-urbanisme-construction*, n°11, 2009, chron., p 583.

MOUTOUH (H.), « La voie de fait dans le projet de loi relatif au juge administratif des référés : la folle du logis enfin domestiquée ? », *D.*, 1999, n° 25, p 1.

NORMAND (J.), « Le juge judiciaire, gardien non exclusif des libertés. Le cas des étrangers », *R.T.D. Civ*, 1998, p 235.

NORMAND (J.), « Le juge judiciaire, juge d'exception des atteintes portées par les autorités administratives à la liberté individuelle », *R.T.D. Civ*, 1996, p 181.

PACTEAU (B.), « Le contentieux des refus de passeport et d'abandon de nationalité », *R.F.D.A.*, 1989, p 194.

PACTEAU (B.), « Dualité de juridictions et dualité de procédures », *R.F.D.A.*, 1990, p 66.

PACTEAU (B.), « Le contrôle de l'administration par une juridiction administrative. Existence ou non d'une juridiction administrative. La conception française du contentieux administratif », *R.A.*, 2000, numéro spécial 3, p 91.

PACTEAU (B.), « Vu de l'intérieur : loi du 30 juin 2000, une réforme exemplaire », *R.F.D.A.*, 2000, p 959.

PAMBOU TCHIVOUNDA (G.), « Recherche sur l'urgence en droit administratif français », *R.D.P.*, 1983, p 103.

PAULIAT (H.), « Le juge du référé-liberté a t-il mis fin aux jours de la folle du logis ? », *J.C.P.A.*, 2013, n°8, p 32.

PELISSIER (G.), « La théorie de la connaissance juridique acquise : nouveau Lazare juridique ? », *J.C.P.A. et C.*, 2009, n°36, p 2111.

PETIT (S.), « Le retour de la voie de fait », *A.J.D.A.*, 2002, p 234.

PETIT (S.), « Voie de fait et détention arbitraire », *A.J.D.A.*, 2002.

PETIT (S.), « Voie de fait et destruction de l'ouvrage public », *D.*, 2003.

PEZ (T.), « Le droit de propriété devant le juge administratif du référé-liberté », *R.F.D.A.*, 2003, p 370.

PISSALOUX (J-L.), « Quelques réflexions dubitatives sur les nouvelles procédures du référé administratif », *D.A.*, 2001, chr. Oct 2001, p 4 et nov 2008 p 8.

PLOUVIN (J-Y), « Au secours, le juge civil des référés arrive ! (ou de la réduction du juge administratif par le juge judiciaire des référés) », *G.P.*,1989, 1, p. 102.

PRÉTOT (X.), « L'autorité judiciaire est-elle encore gardienne de la liberté individuelle ? », *R.D.P.*, 1997, p 667.

PUISOYE (J.), « La voie de fait administrative », *S.*, 1962, chron. 53 .

QUIOT (G.), « La voie de fait, fascicule », *j.c.l., administratif*, 1998, n°1051.

RENOUX (T.), « Le Conseil constitutionnel et l'autorité judiciaire », *Economica PUAM*, 1984, p 487.

RICCI (J.C.), « Chronique du contentieux administratif », *R.G.C.T.,* 2001/18, p 967.

RIVERO (J.), « Le Huron au Palais-royal ou réflexion naïves sur le recours pour excès de pouvoir », *D.*, 1962, chron., p 37.

RIVERO (J.), « Dualité de juridictions et protection des libertés », *R.F.D.A.*, 1990, p 737.

ROBERT (J.), « Le juge administratif et la liberté individuelle », *Mélanges Waline*, t III, p 719.

SABLIERE (P.), « Le juge judiciaire peut-il en cas de voie de fait, ordonner l'enlèvement d'une ligne électrique ? », *C.J.E.G.*, 2000, p 73.

SABLIERE (P.), « Voie de fait et régularisation de l'emprise », *A.J.D.A.*, 2002, 1229.

SAINTE-ROSE (J.), « La théorie de la voie de fait doit-elle être abandonnée ? », *D.*, 2001, p 2332.

SARGOS (P.), « Points communs et divergences des deux ordres de juridiction », *A.J.D.A.*, 1990,
p 785.

SAVIO (F.), « La voie de fait dans la jurisprudence récente », Paris, *édité par l'auteur*, 1993.

SEILLER (B.), « La voie de fait, en voie de disparition de fait ? », *R.J.E.P.*, 01/10/2013.

SERRIGNY (D.), « Examen de la jurisprudence du Conseil d'État et des cours judiciaires sur les limites de la compétence de l'autorité administrative et de l'autorité judiciaire, en matière de travaux et d'expropriation publics », *R.C.L.J.*, 1858, p. 97

SIREY (J.-B), « Du Conseil d'Etat selon la charte constitutionnelle », 1818, rééd. *Phénix éditions*, 2005, p. 484.

SLAMA (S.), « Droit à la vie (art. L521-2 CJA et art 2 CEDH) : Consécration du droit à la vie comme liberté fondamentale protégée par le référé-liberté en cas de danger caractérisé et de péril imminent », *Rev.D.H.*, 21/11/2011.

SLAMA (S.), « Le refus illégal de célébration d'un mariage constitue-t-il toujours une voie de fait ? », *C.P.D.H.*, 2013.

SLAMA (S.), « Le tribunal des conflits déshabille la "folle du logis" », *Rev.D.H.*, 2013.
SOLON, « Un émoi à côté de la plaque », *Le Monde*, 24 mai 1997, p 19.

STAHL (J.-H), « Le juge administratif, garantie de l'administration ? », *A.J.D.A.*, 1999, num spé., Puissance publique ou impuissance publique ?, p. 58.

THIERRY (D.), « La jurisprudence Eucat dix ans après : sa portée sur la théorie de la voie de fait »
R.F.D.A., 1997, p. 524.

THIRIEZ (F.), « Le projet de loi relatif aux procédures d'urgence devant le juge administratif des référés », *L.P.A.*, 1999, n°79, p 4.

TIFINE (P.), « La constatation d'une voie de fait ne constitue pas un obstacle à la mise en œuvre de la procédure de référé liberté », *R.G.D.*, 2013.

TIXIER (JL.), « Le bail réel immobilier », *R.F.D.A.*, 2013, p 755.

TRAORE (S.), « Référé-injonction et voie de fait : vers un retour à l'orthodoxie en matière de voie de fait », *D.A*, 2001, p 10.

TRAORE (S.), « La redéfinition de la voie de fait et la

résurgence du caractère absolu de l'intangibilité de l'ouvrage public », *D.A*, 2015, p 9.

TREMEAU (J.), « Le référé liberté, instrument de protection du droit de propriété », *A.J.D.A.*, 2003 p 653.

TUOT (T.), « L'adage dans la jurisprudence : norme ou outil ? », *R.F.D.A.*, 2014, p 11.
TURPIN (D.), « L'autorité judiciaire, gardienne de la liberté individuelle », *A.J.D.A.*, 1983, p 653.

VANDERMEEREN (R.), « La réforme des procédures d'urgence devant le juge administratif », *A.J.D.A.*, 2000, p 706.

VEDEL (G.), « De l'arrêt Septfonds à l'arrêt Barinstein », *J.C.P.G.*, 1948, I, p 682.

VEDEL (G.), « La juridiction compétente pour prévenir, faire cesser ou réparer la voie de fait administrative », *J.C.P. G.*, 1950, I, p 851.

VERPEAUX (M.), « Voie de fait et liberté fondamentale », *A.J.D.A.*, 2008.

VIALA (A.), « La voie de fait, voie d'eau dans le dualisme juridictionnel », *Les Petites Affiches*, 1998, p 9.

WACHSMANN (P.), « La liberté individuelle dans la jurisprudence du Conseil constitutionnel », *rec sc crim*, 1998, n°1, p 1.

WACHSMANN (P.), (dir.), « Le nouveau juge administratif des référés. Réflexions sur la réforme opérée par la loi du 30 juin 2000 », PU de Strasbourg, 2002, *ann. de la Faculté de droit de Strasbourg, nouvelle série*, n° 5, p 95.

WALLINE (M.), « Le pouvoir discrétionnaire de l'administration et sa limitation par le par le contrôle juridictionnel », *R.D.P.*, 1930, p 197.

WAQUET (Ph.), « Regard sur le tribunal des conflits », *D.*, 2002, chron., p 746.

WEIL (P.), « Une résurrection : la théorie de l'inexistence en droit administratif », *D.*, 1958, chron n° IX, p 49.

WEIL (P.), « Emprise et voie de fait », *D.*, 1961, chron p 611.

WEIL (P.), « Les techniques de protection des libertés publiques en droit français », in mélanges Marcel Bridel, 1968, p 609.

VI. RAPPORTS :

GUIGOU (E.), Garde des sceaux, intervention Sénat, séance du 8 juin 1999, J.O Sénat, C.R., p 3737.

TABLE DES MATIÈRES :

Préface par G. Kalflèche.................................11

Introduction..15

PARTIE 1 – LA FIN D'UNE JUSTIFICATION PRATIQUE DE LA VOIE DE FAIT....................31

Titre 1 – L'inefficacité de la juridiction administrative à l'origine de la voie de fait..............................33

Chapitre 1 – L'impuissance du juge administratif dans la protection des libertés.........................35

Section 1 – L'inefficacité du juge de l'excès de pouvoir dans la protection des libertés...............................35

§ 1 – L'autorité morale du juge du fond à protéger les libertés...35
§ 2 – L'effet platonique de la protection administrative des libertés publiques...41

Section 2 – Le justiciable à la recherche d'une réponse juridictionnelle immédiate...............................47

§ 1 – La mise en œuvre du référé administratif : « un théâtre d'apparences »....................................47
§ 2 – La récupération de la voie de fait par le juge civil des référés...54

Chapitre 2 – La prise de conscience du juge administratif de sa marginalisation.....................61

Section 1 – La juridiction administrative face à d'une culture de l'urgence...61

§ 1 – Des lacunes persistantes à l'origine d'une crise de légitimité...61
§ 2 – La mise en œuvre de procédures efficientes de défense des libertés.......................................66

Section 2 – La fuite du contentieux administratif vers le juge judiciaire...72

§ 1 – La faiblesse du juge administratif à l'origine d'une utilisation dévoyée de la voie de fait.....................72
§ 2 – Le bouleversement opéré par la jurisprudence des « Marocains de Honfleur ».............................78

Titre 2 – La procédure du référé-liberté : une disparition pratique de la voie de fait..................83

Chapitre 1 – L'illusion d'une étanchéité entre le référé-liberté et la voie de fait...........................85

Section 1 – La volonté initiale du législateur de préserver la voie de fait..85

§ 1 – La détermination parlementaire de maintenir la notion de voie de fait.......................................85
§ 2 - Le retour à une orthodoxie en matière de voie de fait : un jeu de dupes ? 89

Section 2 – L'activisme du juge administratif des référés afin de concurrencer la voie de fait........................93

§ 1 – Une lecture restrictive des conditions de mise en œuvre du référé-liberté....94
§ 2 – Le volontarisme du juge administratif à l'origine d'une concurrence avec la voie de fait....98

Chapitre 2 – La compétence paradoxale du juge administratif en matière de voie de fait.... 105

Section 1 – Une compétence implicite du juge administratif des référés....105

§ 1 – La compétence du juge administratif sur la voie de fait « par manque de procédure ».... 105
§ 2 – La compétence du juge administratif sur la voie de fait « par manque de droit »....109

Section 2 – Une compétence explicite reconnue par l'ordonnance *Commune de Chirongui*....114

§ 1 – Une compétence reconnue en dehors de l'esprit du texte législatif.... 114
§ 2 – Les vicissitudes d'une concurrence juridictionnelle pour faire cesser une voie de fait....118

CONCLUSION PARTIE 1.... 123

PARTIE 2 – L'ÉLABORATION D'UNE JUSTIFICATION CONSTITUTIONNELLE DE LA VOIE DE FAIT.. 125

Titre 1– La faiblesse des fondements théoriques palliée par une assise constitutionnelle...............127

Chapitre 1– L'insuffisance des fondements théoriques originels de la voie de fait.................129

Section 1 – L'affaiblissement de la théorie de la dénaturation...129

§ 1 – La théorie de la dénaturation : fondement historique de la voie de fait.. 129
§ 2 – Les faiblesses du fondement théorique de la dénaturation...135

Section 2 – Le juge judiciaire gardien « naturel » de la propriété et des droits fondamentaux.....................139

§ 1 – Une compétence traditionnelle de protection de libertés...140
§ 2 – L'incertitude de ce fondement théorique inhérent à la notion de « liberté » à protéger....................... 145

Chapitre 2 – Des fondements théoriques bénéficiant d'une assise constitutionnelle........................151

Section 1 – La liberté individuelle : un resserrement constitutionnel de la voie de fait..........................151

§ 1 – La réduction de la voie de fait sur la liberté « individuelle »...151

§ 2 – La portée contentieuse de la sûreté personnelle sur la notion de voie de fait.................................... 157

Section 2 – L'extinction du droit de propriété : le rehaussement d'un droit constitutionnel..................161

§1 – La délicate appréhension de la notion « d'extinction » du droit de propriété......................................161
§ 2 – La portée contentieuse de l'extinction du droit de propriété sur la voie de fait...................................167

Titre 2 – Les conséquences d'une requalification juridique sur les ordres juridictionnels...............173

Chapitre 1 – Le juge administratif à l'aube d'une unification contentieuse...............................175

Section 1 – Une récupération contentieuse des libertés et de l'atteinte au droit de propriété.............................175

§ 1 – Le juge administratif, juge de droit commun des libertés fondamentales...................................175
§ 2 – L'atteinte au droit de propriété : une compétence exclusive du juge administratif............................179

Section 2 – L'emprise irrégulière : victime collatérale de la redéfinition de la voie de fait.................................183

§ 1 – La fin de l'adage « ouvrage mal planté ne se détruit pas » au profit du juge administratif.......................184
§ 2 – La suppression de l'emprise irrégulière au profit de la compétence administrative............................ 189

Chapitre 2 – La réduction quantitative de la compétence judiciaire sur la voie de fait..............195

Section 1 – Les incertitudes inhérentes à la nouvelle redéfinition de la voie de fait..............................195

§ 1 – La suppression de « l'atteinte grave » en tant qu'élément constitutif de la notion.......................195
§ 2 – La période post-Bergoend : la fin d'une caractérisation de la voie de fait...........................199

Section 2 – La perte de la compétence exclusive du juge judiciaire en matière de voie de fait.......................203

§ 1 – Le Tribunal des conflits à l'origine d'une ambiguïté sur la cessation de la voie de fait......................... 203
§ 2 – L'indemnisation : dernier bastion de la compétence exclusive du juge judiciaire.............................. 208

CONCLUSION PARTIE 2..............................213

CONCLUSION GÉNÉRALE............................215

BIBLIOGRAPHIE..217

TABLE DES MATIÈRES..............................241

Questions juridiques
aux éditions L'Harmattan

Dernières parutions

DIVORCE (LE) DU CHEF D'ENTREPRISE
Artiste, libéral, artisan, commerçant, actionnaire
Se marier, payer, divorcer
Rond Patrice
Patrice Rond, expert financier auprès des tribunaux, donne dans cet ouvrage les clés incontournables qui permettent à un entrepreneur, quel qu'il soit, d'anticiper sur ses droits et ses risques en cas de divorce. Prendre les bonnes décisions de protection de son patrimoine en choisissant les bons contrats de mariage, savoir changer de régime matrimonial quand il s'avère inadapté est tout à fait possible et souhaitable.
(16.50 euros, 158 p.)
ISBN : 978-2-343-05282-3, ISBN EBOOK : 978-2-336-36540-4

L'EXPERTISE NON JUDICIAIRE À L'AUNE DES DROITS FONDAMENTAUX
Goujon-Bethan Thibault
L'expertise déjudiciarisée est en plein essor, d'une part parce que l'avis d'experts se révèle indispensable dans un nombre croissant de matières juridiques irriguées par la technique (construction, dommage corporel), et d'autre part, car la recherche d'une efficacité économique conduit à minimiser le recours au juge. Cet ouvrage est conçu comme un mode d'emploi pour aider à la décision.
(Coll. Droit privé et sciences criminelles, 21.00 euros, 196 p.)
ISBN : 978-2-343-05335-6, ISBN EBOOK : 978-2-336-36778-1

TRANSPARENCE (LA) FINANCIÈRE DES ÉLUS POLITIQUES FRANÇAIS
Les conséquences des mesures législatives de 2013
Cael Céline - Préface de Sébastien Jakubowski ; postface de Pierre-Yves Néron
Cet ouvrage veut étudier les apports des lois et dispositifs mis en œuvre pour lutter contre la corruption depuis l'affaire Cahuzac, avec notamment la mise en place d'une haute Autorité pour la Transparence de la Vie Publique, le durcissement des conditions d'éligibilité, l'encadrement du *lobbying*, la naissance d'un procureur financier,... L'auteur analyse les conséquences de ces mesures et rend compte à l'aide d'entretiens d'élus politiques, des résistances de ces derniers à une publicité financière envers les citoyens.
(Coll. Logiques sociales, 21.00 euros, 214 p.)
ISBN : 978-2-343-05013-3, ISBN EBOOK : 978-2-336-36817-7

QUI A PEUR DE LA NOUVELLE PEINE SANS PRISON ?
Ajouter du «lien» et non du «rang» pour réussir la contrainte pénale et en finir avec la récidive
Delamotte Danielle
La contrainte pénale, nouvelle peine sans prison, fait peur. Car, ce qu'on retient d'elle, c'est qu'elle évite la prison. Le sujet est pourtant plus complexe et plus nuancé. Les psychologues et les criminologues s'accordent à dire que la délinquance est la maladie du lien. Pour soigner cette maladie, il faut s'intéresser à la personne et la placer au centre de la réflexion pour envisager la «contrainte pénale» sous un autre angle.
(11.50 euros, 86 p.)
ISBN : 978-2-343-04717-1, ISBN EBOOK : 978-2-336-36487-2

JUSTICE (LA) PÉNALE INTERNATIONALE EN AFRIQUE
Aspects juridiques, défis et perspectives
Diakité Kémoko - Préface du professeur Alioune Sall
Cet ouvrage met en exergue le contexte de création ainsi que les aspects juridiques et judiciaires des juridictions pénales internationales en Afrique, notamment le TPIR (Tribunal Pénal International pour le Rwanda), la CPI (Cour Pénale Internationale)... Il montre également les défis et les perspectives de la Justice pénale internationale en Afrique.
(23.00 euros, 234 p.)
ISBN : 978-2-343-05050-8, ISBN EBOOK : 978-2-336-36705-7

GOUVERNANCE, ENJEUX ET MONDIALISATION
Recherche sur les politiques environnementales de zonage maritime
Le challenge maritime de la France de Méditerranée et d'Outre-mer
Sous la direction de François Féral et Bernard Salvat
Dans le Pacifique et l'Océan Indien, la France ne participe pas très activement au mouvement de création d'aires marines protégées géantes alors que les possibilités y sont grandes. En métropole et Outre-mer, la mise en place des parcs naturels marins apparaît laborieuse. Le programme Gouvernance des Grandes Aires Marines Protégées a donné l'occasion à deux équipes de se pencher sur ce phénomène institutionnel majeur dans la conduite globale des politiques de protection des mers et des océans.
(23.00 euros, 218 p.)
ISBN : 978-2-343-04160-5, ISBN EBOOK : 978-2-336-36489-6

COLLECTIVITÉS TERRITORIALES ET ORGANISATIONS RÉGIONALES
De l'indifférence à l'interaction
Sous la direction de Danielle Perrot
Cet ouvrage traite des modes d'insertion des collectivités territoriales dans des organisations internationales conçues par leurs États de rattachement dans diverses régions du monde. Ces collectivités, ou «entités infra-étatiques» selon le droit international, sont souvent oubliées lors des débuts de ces constructions régionales. Elles tentent d'obtenir d'être représentées, et leur participation peut générer une interaction moins inégalitaire.
(Coll. Grale, 47.00 euros, 488 p.)
ISBN : 978-2-343-05111-6, ISBN EBOOK : 978-2-336-36639-5

ÉTHIQUE (L') DE L'AVOCAT PÉNALISTE
Rude-Antoine Edwige
Préface de Jean Danet
L'avocat est représenté, dans la fiction, sous les traits d'un être ambigu, sans cesse sur le fil... ce livre tente d'en approcher la réalité, qui est tout autre. Quelles relations d'ordre éthique l'avocat entretient-il avec lui-même mais aussi avec l'autre : son client, qu'il soit prévenu ou accusé, les jurés, les magistrats ? Peut-on parler du rapport de l'avocat à la vérité ? Comment peut-il construire des lignes de défense tout en restant partenaire de justice ?
(Coll. Éthique en contextes, 21.00 euros, 208 p.)
ISBN : 978-2-343-05222-9, ISBN EBOOK : 978-2-336-36460-5

NAISSANCE DE L'OBSERVATOIRE DE LA RÉCIDIVE ET DE LA DÉSISTANCE
Un long processus inachevé
Tournier Pierre V.
L'analyse de la récidive aurait logiquement dû relever de la compétence de l'Observatoire national de la délinquance et des réponses pénales placé sous l'autorité du Premier ministre. Mais sous l'impulsion de Christiane Taubira le choix s'est porté sur la création d'un observatoire *ad hoc* de plus, dépendant du ministère de la Justice : l'Observatoire de la récidive et de la désistance (août 2014). Ne s'est-on pas ainsi privé des outils d'une évaluation indépendante de la loi du 15 août 2014 sur la contrainte pénale et la libération sous contrainte ?
(Coll. Criminologie, 19.00 euros, 184 p.)
ISBN : 978-2-343-05118-5, ISBN EBOOK : 978-2-336-36387-5

ÉLÉMENTS DE PRÉVENTION DU CRIME
Lemaître André
Cet ouvrage montre la diversité des modèles de prévention de la délinquance, leur spécificité mais aussi leur nécessaire complémentarité. Il insiste également sur l'obligation de veiller aux aspects éthiques des politiques de prévention mises en place. En effet, l'utopie d'une société débarrassée de toute forme de criminalité contient la disparition de toute liberté.
(Coll. Sciences criminelles, série Controverses, 15.50 euros, 160 p.)
ISBN : 978-2-343-04666-2, ISBN EBOOK : 978-2-336-36324-0

SEXUALITÉ (LA) À L'ÉPREUVE DU COUPLE
Les révélations d'une avocate
Dalbin Agnès
Dans la majorité des divorces, les difficultés d'ordre sexuel sont souvent pointées du doigt comme une cause majeure de la rupture. S'appuyant sur les confidences recueillies lors de ses entretiens avec les couples qui divorcent, l'avocate Agnès Dalbin tente d'apporter son éclairage personnel sur cette problématique. Ce livre évolue comme une véritable histoire humaine, du mariage au divorce, en passant par la parentalité et l'après-divorce.
(Coll. La justice au quotidien, 13.50 euros, 118 p.)
ISBN : 978-2-343-04938-0, ISBN EBOOK : 978-2-336-36399-8

DROIT (LE) DU HANDICAP ET LA GESTION DU PATRIMOINE CULTUREL
Vers un modèle européen ?
B. Degros Eric
La rencontre entre le droit du handicap et le droit du patrimoine peut conduire à une confrontation d'intérêts contradictoires, nécessitant de trouver un équilibre entre le principe de l'accessibilité et le respect de l'authenticité, en faveur d'une conservation durable du patrimoine culturel. Il apparaît essentiel de trouver un équilibre entre «le droit des gens» et celui «des pierres».
(40.00 euros, 424 p.)
ISBN : 978-2-343-04418-7, ISBN EBOOK : 978-2-336-36269-4

DROIT BANCAIRE ISLAMIQUE
Notions, mécanismes et protections pénales
Jafari Amin
Conçu comme un manuel de droit, l'ouvrage étudie trois thèmes principaux : la notion de finance islamique et son fonctionnement, les instruments bancaires islamiques et enfin la protection du système bancaire dans l'ensemble de ses instruments et fonctionnements. La 3e partie propose un regard classique de droit pénal des affaires en matière de droit bancaire de finance islamique. Les branches chiite et sunnite de la finance islamique ont été distinguées dès le départ, permettant ainsi une comparaison tout au long du livre.
(Coll. Sciences criminelles, 33.00 euros, 326 p.)
ISBN : 978-2-343-04637-2, ISBN EBOOK : 978-2-336-36380-6

DROIT (LE) INTERNATIONAL. ASPECTS POLITIQUES (Volume 1)
Sous la direction de Jacques Bouineau
Textes réunis par Burt Kasparian
Ces contributions invitent à réfléchir sur la recomposition contemporaine de l'espace méditerranéen et sur le droit international qui s'y applique, à partir d'exemples tirés des plus grandes civilisations méditerranéennes aux époques antique et médiévale. Elles invitent le lecteur à s'interroger sur les piliers de la Méditerranée dans le jeu des relations entre les hommes et les institutions, et à découvrir l'essence des réponses juridiques et politiques.
(Coll. Méditerranées, 16.50 euros, 158 p.)
ISBN : 978-2-343-04661-7, ISBN EBOOK : 978-2-336-36366-0

DROIT (LE) INTERNATIONAL. ASPECTS POLITIQUES (Volume 2)
Sous la direction de Jacques Bouineau
Textes réunis par Burt Kasparian
Ce volume offre une réflexion sur la recomposition de l'espace méditerranéen contemporain à partir de l'histoire ou de l'actualité. L'histoire est traitée de la période qui s'étend de la Renaissance à la fin du XIXe siècle. En ce qui concerne l'actualité, le jeu des emprunts et des modèles juridiques transparaît aussi bien dans la fiscalité internationale actuelle que dans les transpositions constitutionnelles du droit français en Égypte ou dans l'observation du fonctionnement de l'Europe.
(Coll. Méditerranées, 19.00 euros, 184 p.)
ISBN : 978-2-336-30904-0, ISBN EBOOK : 978-2-336-36367-7

L'HARMATTAN ITALIA
Via Degli Artisti 15; 10124 Torino

L'HARMATTAN HONGRIE
Könyvesbolt ; Kossuth L. u. 14-16
1053 Budapest

L'HARMATTAN KINSHASA
185, avenue Nyangwe
Commune de Lingwala
Kinshasa, R.D. Congo
(00243) 998697603 ou (00243) 999229662

L'HARMATTAN CONGO
67, av. E. P. Lumumba
Bât. – Congo Pharmacie (Bib. Nat.)
BP2874 Brazzaville
harmattan.congo@yahoo.fr

L'HARMATTAN GUINÉE
Almamya Rue KA 028, en face
du restaurant Le Cèdre
OKB agency BP 3470 Conakry
(00224) 657 20 85 08 / 664 28 91 96
harmattanguinee@yahoo.fr

L'HARMATTAN MALI
Rue 73, Porte 536, Niamakoro,
Cité Unicef, Bamako
Tél. 00 (223) 20205724 / +(223) 76378082
poudiougopaul@yahoo.fr
pp.harmattan@gmail.com

L'HARMATTAN CAMEROUN
BP 11486
Face à la SNI, immeuble Don Bosco
Yaoundé
(00237) 99 76 61 66
harmattancam@yahoo.fr

L'HARMATTAN CÔTE D'IVOIRE
Résidence Karl / cité des arts
Abidjan-Cocody 03 BP 1588 Abidjan 03
(00225) 05 77 87 31
etien_nda@yahoo.fr

L'HARMATTAN BURKINA
Penou Achille Some
Ouagadougou
(+226) 70 26 88 27

L'HARMATTAN SÉNÉGAL
10 VDN en face Mermoz, après le pont de Fann
BP 45034 Dakar Fann
33 825 98 58 / 33 860 9858
senharmattan@gmail.com / senlibraire@gmail.com
www.harmattansenegal.com

L'HARMATTAN BÉNIN
ISOR-BENIN
01 BP 359 COTONOU-RP
Quartier Gbèdjromèdé,
Rue Agbélenco, Lot 1247 I
Tél : 00 229 21 32 53 79
christian_dablaka123@yahoo.fr

Achevé d'imprimer par Corlet Numérique - 14110 Condé-sur-Noireau
N° d'Imprimeur : 118003 - Dépôt légal : avril 2015 - *Imprimé en France*

www.ingramcontent.com/pod-product-compliance
Lightning Source LLC
LaVergne TN
LVHW010953061026
849535LV00006B/1696

* 9 7 8 2 3 4 3 0 6 2 7 9 2 *